Landfrauen Küche

14 bayerische Landfrauen kochen mit Herz und Leidenschaft

Die Landfrauenküche geht neue Wege

Beliebte Rezepte bringen dank fast vergessener und erstklassiger Zutaten beste Qualität und frischen Wind in die Küche.

Der Traum vom selbstbestimmten Leben auf dem Land im Einklang mit der Natur – für viele Städter immer noch und immer wieder ein Sehnsuchtsort. Für die 14 Frauen, die in diesem Buch vorgestellt werden, ist dieser Traum Realität. Doch wie es mit Träumen so ist, sieht die Realität oft ganz anders aus. Das Leben als Landfrau ist geprägt von viel Arbeit, wenig Freizeit und oft schwierigen wirtschaftlichen Entscheidungen. Dennoch strahlen alle, die sich für dieses Leben entschieden haben, eine spürbare Zufriedenheit aus. Manche der Landfrauen haben den Hof von den Eltern übernommen und setzen damit eine lange Tradition fort. Manche haben aber auch erst einmal ein ganz anderes Leben geführt und sich dann bewusst für das Leben als Landfrau entschieden.

Die „Landfrauenküche" ist eine der erfolgreichsten Sendereihen im BR Fernsehen. Das Konzept ist über die Jahre gleich geblieben: Sieben Landfrauen aus den sieben bayerischen Bezirken kommen zusammen, um sich kennenzulernen und gegenseitig zu bekochen. Dabei geht es auch um einen Wettbewerb: Wer kocht das beste Drei-Gänge-Menü? Die Wertung kommt dabei nicht von Experten, sondern die Frauen bewerten sich selbst: kritisch, aber immer freundschaftlich.

Kalbsschäufele und Burger als Hauptspeise – diese beiden Gerichte wurden von den Landfrauen der siebten und achten Staffel zu den besten in ihrer Kategorie gewählt. „Bayerische Tapas" als Vorspeise – die Landfrauenküche geht neue Wege. Ein Risotto mit Perl-Emmer, einer uralten Weizenart, als Beilage. Neue Rezepte mit alten Zutaten, die in den vergangenen Jahrzehnten völlig in Vergessenheit geraten waren. Vom Aussterben bedrohte Tierarten wie die Murnau-Werdenfelser-Rinder und Bressehühner sind für die Landfrauen auch eine Marktnische, die – abseits der Massentierhaltung – immer attraktiver wird. „Erhalten durch Aufessen", auf diesen ganz pragmatischen Nenner bringt es die oberbayerische Landfrau Maria Bogner. Die Landfrauen sind damit durchaus konservativ: Nicht im üblichen Sinne von altmodisch oder gar „von gestern", sondern im besten Sinne: das erhalten, was erhaltenswert ist. Das pflegen und hegen, was ohne dieses Engagement vom Aussterben bedroht wäre.

Es braucht keine exotischen Zutaten oder die neuesten Kochtechniken, um die Gerichte der Landfrauen nachzukochen. Aber es braucht erstklassige Produkte, die auf den regionalen Wochenmärkten, in Hofläden oder beim Metzger im Ort zu kaufen sind. Ob traditionelle Gerichte nach alten Familienrezepten oder eine ganz neue Idee: Entscheidend ist die Qualität der Produkte, die dafür verwendet werden. In diesem Buch finden Sie alle Rezepte aus der siebten und achten Staffel der TV-Reihe „Landfrauenküche". Und darüber hinaus hat jede Landfrau noch ein zweites Menü zusammengestellt. Viel Spaß beim Nachkochen und Nachlesen!

Unterfranken

Sanfte Hügel und sonnige Weinberge – der schöne Landstrich bietet viel für Leib und Seele. Wandern und sich danach einen guten Tropfen gönnen, das gefällt nicht nur den Einheimischen. Sondern auch den Gästen!

Wo Wein gedeiht, wächst auch alles andere in Hülle und Fülle. Unterfrankens malerische Dörfchen und Ortschaften liegen eingebettet in Flusstäler und Weinberge. Hier reift das Korn für würziges Brot. Und Früchte, die ein mildes Klima lieben – wie auf den zahlreichen Streuobstwiesen.

Barbara ist gelernte Floristin, mit ihrem Mann Marco hat sie sich den Traum vom eigenen landwirtschaftlichen Betrieb erfüllt. Dazu gehört auch ein Ferienhaus – und eine Planwagen-Kutsche. Darin lernen die Feriengäste den Spessartwald mal von seiner wildromantischen Seite kennen.

Barbara Birkholz

Manchmal können Märchen wahr werden: mit viel Arbeit, Fleiß – und mit der Unterstützung von Familie und Freunden.

Auch der Alltag auf einem Bauernhof kann seine märchenhaften Momente haben. Zum Beispiel wenn aus Äpfeln Törtchen werden, die wie Rosenblüten aussehen. Oder wenn ein windschiefes fränkisches Backhäusle sich wie durch Zauberhand in ein Cottage für Gäste und Feste verwandelt. Eine märchenhafte Geschichte ist auch, wie aus der Floristin Barbara eine tüchtige Bäuerin wurde: Barbara Birkholz ging mit ihrem Mann Marco das Wagnis ein, am südlichen Rand des Spessarts einen landwirtschaftlichen Betrieb zu gründen. Mit Limousin-Rindern und einer Pferdezucht und einem Ferienhof für Gäste. Das historische Backhäusle gehört dazu. Drumherum gibt es Apfelbäume und jede Menge Weiden und Wald. Sehr romantisch sieht das aus – die Brüder Grimm hätten es nicht bilderbuchmäßiger beschreiben können.

Barbaras Motto: »Eine gute Küche ist das Fundament allen Glücks!«

So etwas Schönes entsteht natürlich nur im Märchen wie aus dem Nichts. In Wirklichkeit gehört eine große Portion Fleiß und Ausdauer dazu. Und jede Menge Zuversicht: „Man wächst mit seinen Aufgaben“, sagt Barbara fröhlich. Ihre Eltern hatten eine kleine Landwirtschaft. Schon als Mädchen half sie mit, zum Beispiel bei der Kartoffelernte. Und sie hatte ein Pferd. Und überhaupt eine große Liebe zu Tieren. Die lebt sie heute mit ihrem Mann und den Kindern Livia, Linus und Malia auf ihrem Hof im Südspessart aus. Esel und Ziegen, ein paar Schweine, Hasen und Hühner gehören dazu. Es gibt viel Weidefläche für die Limousin-Rinder – und großzügigen Auslauf für die Pferde, die Marco züchtet: Süddeutsches Kaltblut. Und weil Barbara eine bodenständige Einstellung zur Arbeit und zum Leben hat, gibt sie diese ganz selbstverständlich auch an ihre Kinder weiter. Die Kleinen dürfen überall mit anpacken, wenn sie möchten. Sohn Linus ist sieben und hilft mit Begeisterung beim Füttern der Pferde mit. Mit seinem Kindertraktor karrt er Heu heran – zum Beispiel für Micky, Barbaras Lieblingspferd.

„Ohne Arbeit“, sagt Barbara, „kommt man zu nichts.“ Mit dieser Einstellung hat sie ihr persönliches Märchen Schritt für Schritt wahrgemacht. Nicht nur das Backhäusle hergerichtet. Sondern auch das Ferienhaus hübsch möbliert, mit alten Fotografien, Blumenbettwäsche – und weiteren liebevollen Details: Ihr Traumhäusle sei das, sagt sie. Zu ihren Aufgaben auf dem Hof gehört unter anderem die Pflege der Tiere, das Füttern und Misten. Ihren Sinn fürs Dekorative, für liebevolle Details, die ihre Arbeit als Floristin früher einmal prägten, hat sie darüber nicht verloren.

Das spürt man auch, wenn sie kocht. Barbaras Rosentörtchen stammen natürlich nicht von einem Tischleindeckdich, sondern wurden von ihr mit viel Fingerspitzengefühl aus dünnen Apfelscheiben fein aufgerollt. Das Heu sieht nicht nur hübsch aus, es verleiht dem Fleisch auch eine ungewöhnlich würzige Kräuternote. Ohne die Hilfe von Familie und Freunden, erzählt Barbara, hätten sie und Marco das hier alles nicht schaffen und ihren Traum nicht verwirklichen können. „Wir haben hier ein Netz lieber Menschen, die uns unterstützen. Das gibt uns viel Kraft“, sagt sie. Und vielleicht ist das das eigentlich Märchenhafte an Barbaras Geschichte: Märchen sind immer dann am schönsten, wenn man sie mit anderen teilt.

Die Suppe lieber nicht zu stark salzen – sonst verliert sie ihren charakteristischen und würzigen Eigengeschmack.

Riesling-Schaumsuppe

mit Hechtklößchen

Zutaten für 4 Personen

Für die Suppe:
1–2 Karotten
1/2 Tasse braune Linsen
Salz
100 g Zwiebeln
1 EL Butter
125 ml Weißwein (Riesling)
1/2 l Gemüsebrühe (am besten selbst gemacht)
250 g saure Sahne
2 EL Mehl
100 g Sahne
4–8 Scheiben Baguette
4 EL Öl
weißer Pfeffer aus der Mühle
etwas Petersilie (gehackt)
20 g Butter
je 5 helle und dunkle Weintrauben

Für die Klößchen:
300 g Hechtfilet (ohne Gräten)
250 g eiskalte Sahne
Salz · Pfeffer aus der Mühle

1. Für die Suppe die Karotten putzen, schälen und in Würfel schneiden. Die Linsen und die Karottenwürfel in Salzwasser bissfest garen, abgießen und beiseitestellen.

2. Inzwischen für die Klößchen das Fischfilet waschen, trocken tupfen und in Würfel schneiden. Etwa 25 Minuten in das Tiefkühlfach geben.

3. Die Zwiebeln schälen und in feine Würfel schneiden. Die Butter in einem Topf erhitzen und die Zwiebeln darin andünsten. Den Wein dazugießen und etwa 1 Minute köcheln lassen. Die Brühe hinzufügen und aufkochen. Die saure Sahne mit dem Mehl verquirlen und einrühren. Die Suppe bei schwacher Hitze etwa 10 Minuten köcheln lassen, dabei ab und zu umrühren. Die Sahne hinzufügen und die Suppe weitere 10 Minuten köcheln lassen.

4. Die Fischwürfel mit der eiskalten Sahne im Mixer zu einer glatten Farce pürieren. Mit Salz und Pfeffer würzen. Aus der Farce mithilfe von zwei Löffeln Nocken formen. In heißem, aber nicht kochendem Salzwasser etwa 10 Minuten ziehen lassen.

5. Das Baguette in Würfel schneiden. Das Öl in einer Pfanne erhitzen und die Baguettewürfel darin knusprig anbraten. Die Suppe mit Salz und weißem Pfeffer abschmecken und mit dem Stabmixer schaumig aufschlagen. Die Petersilie einrühren.

6. Die Butter in einem Topf erhitzen und die Linsen und Karottenwürfel kurz darin schwenken. Dann mit den Hechtklößchen in die Suppe geben. Die Trauben waschen und halbieren. Die Riesling-Schaumsuppe mit den Croûtons und den Trauben als Einlage servieren. Nach Belieben mit gehackter Petersilie bestreuen.

Mein Tipp

Wenn man das Heu für 5 bis 10 Minuten in Wasser einweicht, wird der Geschmack des Fleischs intensiver, es bleibt zart und wird nicht trocken. Heu bekommen Sie zum Beispiel beim Biobauern ab Hof oder Sie holen es von einer ungedüngten Wiese.

In Heu gegartes Rumpsteak

mit Steinpilzkartoffeln und glasierten Karotten

Zutaten für 4 Personen

Für das Steak:
1 kg Rumpsteak (3–4 Wochen abgehangen)
Salz · Pfeffer aus der Mühle
5 EL Olivenöl
2 Handvoll Heu, in kaltem Wasser eingeweicht (siehe Tipp)
2 Schalotten
2 Knoblauchzehen
1 TL Tomatenmark
100 ml Rotwein
1/4 l Kalbsfond
1 TL eingelegte rote Pfefferkörner
2 EL Aceto balsamico
100 g kalte Butter

Für die Kartoffeln:
4 EL getrocknete Steinpilze
16 mittelgroße festkochende Kartoffeln
1 Frühlingszwiebel
50 g Butter und Butter zum Braten
1 kg Sahne
Salz · Pfeffer aus der Mühle
100 g frische Steinpilze
Petersilie zum Bestreuen
Chiliflocken oder Cayennepfeffer

Für die Karotten:
500 g junge Karotten mit Grün
20 g Butter
10 g Zucker
Salz
125 ml Gemüsebrühe

1. Für das Steak den Backofen auf 80 °C vorheizen. Ein Ofengitter auf die mittlere Schiene schieben, darunter eine kleine Auflaufform für austretenden Bratensaft stellen. Das Rumpsteak mit Salz und Pfeffer würzen und im Bräter in heißem Olivenöl rundum etwa 5 Minuten kräftig anbraten. Die Hälfte des Heus auf das Gitter legen. Das angebratene Fleisch darauflegen, mit dem restlichen Heu zudecken. Die Ofentemperatur auf 70 °C reduzieren und das Fleisch im Heu etwa 2 Stunden garen.

2. Inzwischen die Schalotten und den Knoblauch schälen, in feine Würfel schneiden im Bratsatz von dem Fleisch anbraten. Das Tomatenmark dazugeben und kurz andünsten. Mit dem Wein ablöschen und stark einkochen. Den Kalbsfond dazugeben und erneut einkochen. Durch ein Sieb in einen kleinen Topf gießen, das Gemüse im Sieb ausdrücken. Die Pfefferkörner abspülen und mit dem Essig dazugeben.

3. Für die Kartoffeln die getrockneten Steinpilze in wenig Wasser etwa 1 Stunde einweichen. Herausnehmen, ausdrücken und etwas klein schneiden. Das Einweichwasser durch einen Kaffeefilter gießen. Die Kartoffeln schälen. Die Frühlingszwiebel putzen, waschen und in feine Ringe schneiden. Etwas Butter in einem Topf zerlassen, die Frühlingszwiebel und die Steinpilze darin glasig schwenken, dann die Kartoffeln dazugeben und ebenfalls schwenken. Mit der Sahne und etwa 1 EL Steinpilzwasser aufgießen. Die Kartoffeln sollen nur knapp mit Flüssigkeit bedeckt sein. Bei schwacher Hitze offen etwa 30 Minuten köcheln lassen, bis die Sauce dick und cremig ist und die Kartoffeln gar sind. Mit Salz, Pfeffer und nach Belieben mit Chiliflocken oder Cayennepfeffer würzen.

4. Für die Karotten die Karotten so putzen und schälen, dass noch ein kleines Stück vom Grün stehen bleibt. Die Butter mit dem Zucker und 1 Prise Salz in einem Topf erhitzen. Die Karotten darin unter Wenden andünsten. Die Brühe angießen. Die Karotten bei schwacher Hitze offen kochen, bis die Flüssigkeit verdampft ist und das Gemüse glänzt.

5. Das Rumpsteak aus dem Ofen nehmen, das Heu entfernen. Die frischen Steinpilze putzen, trocken abreiben und in Scheiben schneiden. In einer Pfanne etwas Butter erhitzen und die Pilze darin auf beiden Seiten kurz anbraten. Danach auf den Rahmkartoffeln anrichten und mit der Petersilie bestreuen. Die Sauce noch einmal aufkochen. Die kalte Butter stückweise einrühren und die Sauce mit Salz und Pfeffer abschmecken. Das Rumpsteak in Scheiben schneiden und mit der Sauce, den Steinpilzkartoffeln und den glasierten Karotten anrichten.

Äpfel, Äpfel, wohin man schaut – da fühlt man sich doch wie im Paradies …

Mein Tipp

Für dekorative Karamellnester 200 g Zucker in einer Pfanne schmelzen und leicht abkühlen lassen. Schnell eine Gabel immer wieder in die Masse tauchen und herausziehen. Entstehende Fäden mit der Hand sanft zu einem Knäuel drücken und auf ein Backpapier legen.

Variationen vom Apfel

Apfelrosen, Apfeltiramisu und Buttermilch-Mousse mit gedünsteten Äpfeln

Zutaten für 4 Personen

Für das Tiramisu:
je 170 g Magerquark, Mascarpone und Sahne
2 Päckchen Vanillezucker
150 g Löffelbiskuits
4 EL Apfelsaft
1 TL Calvados
375 g Apfelmus
Zimtzucker
Zartbitterkuvertüre zum Garnieren

Für die Äpfel und die Mousse:
350 g Äpfel
20 g Butter
ca. 1/4 l Apfelsaft
60 ml Zitronensaft
1 Päckchen Vanillepuddingpulver (nach Belieben)
3 Blatt Gelatine
50 ml Limettensirup
60 g Puderzucker
250 g Buttermilch
150 g Sahne

Für die Apfelrosen:
2 Äpfel
2 TL Aprikosenkonfitüre
1 Rolle Blätterteig (aus dem Kühlregal)
Zimtpulver (nach Belieben)

Für das Pesto:
2 EL Macadamianusskerne
1 Bund Minze
4 EL Walnussöl
1 EL Honig

1. Für das Tiramisu Quark und Mascarpone mischen, die Sahne steif schlagen und unterheben, mit Vanillezucker süßen. Eine Lage Löffelbiskuits mit der Zuckerseite nach unten in eine Form legen. Den Apfelsaft und den Calvados mischen und die Biskuits mit einem Teil der Mischung beträufeln. Eine Schicht Apfelmus daraufgeben, mit Zimtzucker bestreuen, dann eine Schicht Creme auftragen. Schicht für Schicht wiederholen und mit Creme abschließen. Das Tiramisu zugedeckt im Kühlschrank 4 bis 6 Stunden ziehen lassen.

2. Für die Äpfel und die Mousse Äpfel waschen, entkernen und in Würfel schneiden. In der Butter andünsten. Mit Apfelsaft aufgießen, sodass die Äpfel bedeckt sind. 1 EL Zitronensaft dazugeben, alles etwa 7 Minuten köcheln lassen. Nach Belieben mit Vanillepuddingpulver andicken.

3. Die Gelatine in kaltem Wasser einweichen, ausdrücken und in 50 ml erwärmtem Zitronensaft auflösen. Limettensirup, Puderzucker und Buttermilch unterrühren, einige Minuten kühl stellen. Die Sahne steif schlagen. Sobald die Masse beginnt zu gelieren, die Sahne vorsichtig unterheben. Zugedeckt mindestens 3 Stunden kühl stellen.

4. Für die Apfelrosen die Äpfel waschen, entkernen und in dünne Scheiben schneiden. Die Aprikosenkonfitüre mit 2 TL Wasser verrühren und 1 Minute in der Mikrowelle erhitzen. Den Backofen auf 190 °C vorheizen. Die Blätterteigrolle ausrollen und in 6 Streifen schneiden, mit der Konfitüre bestreichen und die obere Hälfte der Länge nach mit Apfelscheiben belegen. Nach Belieben mit Zimt bestreuen. Die untere Teighälfte einklappen und die Streifen zusammenrollen. Die Rollen aufrecht in die Vertiefungen einer Muffinform setzen und im Ofen 40 bis 45 Minuten backen.

5. Für das Pesto die Macadamianüsse hacken und ohne Fett anrösten, abkühlen lassen. Die Minze waschen, gut trocken tupfen und die Blätter abzupfen. Nüsse, Minze, Öl und Honig im Mixer glatt pürieren.

6. Die Äpfel auf vier Schälchen oder Gläser verteilen, die Mousse darauf anrichten und je 1 Klecks Pesto daraufgeben. Je 1 ofenwarme Apfelrose und 1 Stück Tiramisu auf einen Teller setzen. Das Tiramisu nach Belieben mit Zimtzucker bestreuen oder mit geschmolzener Kuvertüre garnieren. Die restlichen Apfelrosen ein andermal naschen.

Panierte Schweinedeggeli

mit Erdkohlrabigemüse, Kartoffelstrudel und karamellisierter Dunkelbiersauce

Zutaten für 4 Personen

Für das Gemüse:
1 mittelgroße Steckrübe (Erdkohlrabi)
1/2 Zwiebel · 1 EL Butter
Salz · Pfeffer aus der Mühle
200 ml Brühe
50 ml Weißwein
3 Stiele Petersilie

Für den Strudel:
1/2 Zwiebel
1 EL Butter
400 g Pellkartoffeln (vom Vortag)
einige Stiele Petersilie
einige Schnittlauchhalme
2 Eigelb · 80 g Sahne
Salz · Pfeffer aus der Mühle
getrockneter Majoran
150 g tiefgekühlter Blätterteig (aufgetaut)
flüssige Butter zum Bestreichen

Für die Schweinedeggeli:
8 Deckel vom Schaufelbug (à 120 g)
Salz · Pfeffer aus der Mühle
Paprikapulver (edelsüß)
Mehl · 2 Eier
Semmelbrösel
Öl zum Braten

Für die Sauce:
1 Zwiebel · 2 EL Butter
40 g Zucker
300 ml Bratenfond (Fertigprodukt)
200 ml dunkles Bier
Salz · Pfeffer aus der Mühle
Paprikapulver (edelsüß)
Speisestärke

1. Für das Gemüse die Rübe putzen, schälen und in mundgerechte Stücke schneiden. Die halbe Zwiebel schälen und in feine Würfel schneiden. Die Butter erhitzen und die Zwiebel darin andünsten. Die Rübenstücke dazugeben, mit Salz und Pfeffer würzen. Die Brühe und den Wein hinzufügen und das Gemüse etwa 30 Minuten köcheln lassen. Die Petersilie waschen und trocken tupfen, die Blätter abzupfen und fein hacken. Über das fertige Gemüse streuen.

2. Inzwischen für den Strudel den Backofen auf 200 °C vorheizen. Die Zwiebel schälen und in feine Würfel schneiden. Die Butter erhitzen und die Zwiebel darin andünsten. Abkühlen lassen. Die Kartoffeln pellen, grob zerkleinern und in eine große Schüssel geben. Die Kräuter waschen, trocken tupfen und fein hacken. Die Eigelbe mit der Sahne mischen, die Kräuter unterrühren und das Ganze zu den Kartoffeln geben. Die Zwiebel, Salz, Pfeffer und Majoran dazugeben und alle Zutaten gründlich durchkneten.

3. Den Blätterteig ausrollen und die Kartoffelmasse daraufstreichen. Aufrollen und mit etwas Butter bestreichen. Auf ein mit Backpapier belegtes Backblech legen und im Ofen auf der mittleren Schiene etwa 20 Minuten backen.

4. Für die Schweinedeggeli die Fleischstücke gut mit Salz, Pfeffer und Paprikapulver würzen. Mehl, verquirlte Eier und Semmelbrösel jeweils auf einen Teller geben. Die Fleischstücke zuerst im Mehl, dann in den Eiern und zum Schluss in den Semmelbröseln wenden. In einer großen Pfanne reichlich Öl erhitzen und die Schnitzel darin bei mittlerer Hitze auf beiden Seiten goldbraun braten.

5. Für die Sauce die Zwiebel schälen und in feine Würfel schneiden. Die Butter in einem Topf erhitzen und die Zwiebel darin andünsten. Den Zucker dazugeben und karamellisieren. Den Bratenfond dazugießen und die Sauce mit dem dunklen Bier aufgießen. Zum Kochen bringen und mit Salz, Pfeffer und Paprikapulver würzen. Etwas Speisestärke mit kaltem Wasser anrühren und die Sauce damit binden.

6. Den Strudel aus dem Ofen nehmen und kurz abkühlen lassen. In etwa 2 cm dicke Scheiben schneiden. Je 2 Schweinedeggeli mit dem Gemüse und dem Kartoffelstrudel auf Tellern anrichten und die Sauce dazu reichen.

Wirsing-Saibling-Rouladen
auf Rote-Bete-Carpaccio

Zutaten für 4–6 Personen

Für die Rouladen:
6 große Blätter Wirsing · je 200 g Saiblings- und Zanderfilet · etwas Zitronensaft · 1 EL Dill (gehackt)
Salz · 1 große Schalotte · 2 EL Butter · 150 ml Weißwein

Für das Carpaccio:
2 Rote Beten · Salz · 2 Schalotten (in feinen Würfeln)
3 EL Aceto balsamico · 5 EL Kürbiskernöl · 1/2 TL Honig
1 TL Senf · Pfeffer aus der Mühle · 160 g Feldsalat
2 EL Kürbiskerne

1. Für die Rouladen die Wirsingblätter putzen, waschen und kurz in kochendem Wasser blanchieren. Herausnehmen, kalt abschrecken. Dicke Mittelrippen flach schneiden. Den Backofen auf 180 °C vorheizen.

2. Die Fischfilets waschen, trocken tupfen und mit Zitronensaft beträufeln. Das Saiblingsfilet in sehr kleine Würfel schneiden und auf den Wirsingblättern verteilen. Mit dem Dill bestreuen. Das Zanderfilet in 6 Stücke schneiden, salzen und darauflegen. Die Blätter aufrollen und mit Küchengarn binden.

3. Die Schalotte schälen und in feine Würfel schneiden. In einem kleinen Topf in der Butter andünsten. Mit dem Wein ablöschen. Den Sud in eine ofenfeste Form geben und die Rouladen hineinlegen. Im Ofen auf der mittleren Schiene 20 bis 25 Minuten garen.

4. Für das Carpaccio die Roten Beten in Salzwasser 35 bis 40 Minuten garen. Herausnehmen, kalt abschrecken, schälen und in dünne Scheiben hobeln.

5. Die Schalotten mit Essig, Öl, Honig und Senf mischen, mit Salz und Pfeffer würzen. Den Feldsalat verlesen, waschen und trocken schütteln. Auf Teller verteilen und die Rote-Bete-Scheiben dazu anrichten. Mit Dressing beträufeln und mit Kürbiskernen bestreuen. Auf dem Carpaccio 1 bis 2 Rouladen anrichten.

Weinschaumcreme
mit Früchten

Zutaten für 4 Personen

2 sehr frische Eier
1/4 l trockener Weißwein
60 g Zucker
10 g Speisestärke
etwas Zitronensaft
3 Blatt weiße Gelatine
Weintrauben oder andere Früchte der Saison

1. Am Vortag die Eier trennen und die Eigelbe mit dem Wein, dem Zucker, der Speisestärke und etwas Zitronensaft in einem Topf verrühren. Einmal aufkochen lassen, dann den Topf vom Herd ziehen.

2. Die Gelatine in kaltem Wasser einweichen. Abtropfen lassen und unter Rühren in der warmen Creme im Topf auflösen. Die Eiweiße zu einem steifen Schnee schlagen und unter die Mischung ziehen. Die Creme auf vier Gläser verteilen und zugedeckt über Nacht kühl stellen.

3. Am nächsten Tag die Früchte putzen, waschen und trocken tupfen. Die Weinschaumcreme mit den Früchten servieren.

Alles fließt: Wo Michaela arbeitet, gibt es Wasser zuhauf. Gut hundert Teiche bewirtschaftet sie in ihrer Fischzucht am Main. Da tummeln sich vom Koi-Karpfen bis zum Zander Zier- und Speisefische im klaren Wasser. Und das flüssige Gold von den Weinbergen ringsum schmeckt ganz wunderbar dazu.

Michaela Gerstner-Scheller

Ob als erfolgreiche Fischzüchterin, am Main oder im Urlaub am Meer: Am Wasser ist Michaela in ihrem Element.

Die sanfte Hügellandschaft mit den Weinbergen und dem milden Klima: An der Mainschleife, erzählt Michaela, sehe es fast ein bisschen wie in der Toskana aus. Wunderbar radeln könne man hier und sich's bei einem Gläschen Wein gemütlich machen. Dass sie jemals von hier wegwollte, gleich nach der Schule, kann sie heute nicht mehr so recht nachvollziehen: „Wie schön wir es hier haben, habe ich erst begriffen, als ich in die Stadt gezogen bin", sagt sie. Doch im Grunde war damals schon absehbar, dass sie eines Tages zurückkehren würde. Schon in der Schule hatte sie ein Faible für die Biologie der Fische, interessierte sich für ihr Verhalten und das Leben im Wasser. Ihr Urgroßvater hatte die Fischzucht im Jahre 1900 gegründet; Michaelas Eltern führten den Betrieb in der dritten Generation. Als Michaela nach ihrer Ausbildung zur Fischwirtin auch noch den Fischzucht-Meisterbrief erwarb, stand fest, wo sie ihr Leben verankern würde: bei den familieneigenen Teichen am Main, wo sich Barsche, Forellen, Karpfen, Saiblinge, Hechte und viele andere Fische im Wasser tummeln.

Heute leitet Michaela den Familienbetrieb; zehn Mitarbeiter stehen ihr zur Seite. Ihr Vater Peter unterstützt sie noch mit Rat und Tat – doch die Betriebsführung und die Verantwortung für die gut hundert Teiche mit den über 20 Fischarten liegen in ihrer Hand. Die Fische leben unter naturnahen Bedingungen; sie haben ausreichend Platz und finden reichlich Nahrung. Doch Klimaschwankungen, Temperaturstürze oder natürliche Fressfeinde können das ökologische Gleichgewicht aus der Balance bringen. „Mit den Gegebenheiten der Natur zu arbeiten ist eine echte Herausforderung", erklärt Michaela. „Aber genau das macht mir an der Fischzucht unter freiem Himmel auch so viel Spaß!"

»Für die Fischzucht in der freien Natur braucht man Erfahrung – und ein bisschen Glück!«

Auf diese Tradition ist sie durchaus ein wenig stolz. Ihr Urgroßvater züchtete ausschließlich Karpfen; heute bekommt man in Michaelas Fischzucht neben Biotop-, Zier- und Besatzfischen auch Speisefische wie Stör, Karpfen, Aal, Saibling, Lachsforelle und Waller. Im Hofladen gibt es hausgemachte Fischspezialitäten; der frische Räucherfisch ist nicht nur bei den Kunden ab Hof, sondern auch auf den Weinfesten der Gegend beliebt; Michaela betreibt außerdem eine mobile Fischbraterei. Und natürlich liebt sie zu Hause das Kochen mit Fisch. Karpfen ist einer ihrer Lieblingsfische. Zander gibt es an hohen Festtagen, an Weihnachten oder wenn jemand Geburtstag hat. „Ich mag es, wenn der Eigengeschmack betont wird", sagt sie. Dafür braucht man eine gute Qualität. Je nachdem, wie mild oder kräftig das natürliche Aroma eines Fisches schmeckt, würzt sie mal sanft mit Kräutern, mal herzhaft mit Speck oder Zwiebeln – aber immer so, dass der Charakter des feinen Fleisches nicht übertüncht wird.

Doch arg viel Zeit zum Kochen bleibt ihr im eng getakteten Alltag leider nicht. Aber am Wochenende! Oder wenn die Familie Urlaub macht. Dann fahren sie, ihr Mann Robert und die Buben Johannes, Karl und Franz gern an den Atlantik, nach Irland oder Portugal zum Beispiel oder auf Borkum, holen sich Miesmuscheln frisch von der Muschelbank und bereiten sie gemeinsam zu. Viel freie Natur und noch mehr Wasser drumherum – da, sagt Michaela, „bin ich ganz in meinem Element"!

Mindestens zweimal die Woche sollte Fisch auf den Tisch! Dieser Salat sorgt für Abwechslung.

Mein Tipp

Wenn Gäste kommen, kann man den Räucherfischsalat sehr gut am Tag vorher zubereiten. Dann sollte man ihn bis zum Servieren unbedingt im Kühlschrank aufbewahren, da Fisch leicht verderblich ist. Ich serviere den Salat am liebsten als Kanapees auf Brotscheiben.

Fränkischer Räucherfischsalat

mit Feldsalat und Laugenfischlein

Zutaten für 4 Personen

Für die Laugenfischlein:
2 tiefgekühlte Laugenstangen

Für den Räucherfischsalat:
3 EL Mayonnaise
1 EL Naturjoghurt
1 EL Zitronensaft
2 TL Kräuter (z. B. Schnittlauch, Petersilie, Dill; fein gehackt)
Salz · Zucker
Pfeffer aus der Mühle
1 Stück Lauch (20 g)
4 Cocktailtomaten
1/2 leicht säuerlicher Apfel (z. B. Jonagold)
1 hart gekochtes Ei
2 kleine Essiggurken (Cornichons)
200 g Räucherfischfilet (z. B. Waller und Karpfen)

Für den Feldsalat:
100–150 g Feldsalat
2 EL Weißweinessig
1 geh. TL Schnittlauchröllchen
Salz · Pfeffer aus der Mühle
Zucker
2 EL Walnussöl

1. Für die Laugenfischlein die Laugenstangen auftauen lassen. Den Backofen auf 200 °C vorheizen. Ein Backblech mit Backpapier belegen. Die Laugenstangen längs halbieren. Jede halbe Stange mit der Außenseite nach innen zusammenfalten und auf diese Weise einen Fisch formen. Die Laugenfischlein auf das Blech legen und im Ofen auf der mittleren Schiene 15 Minuten backen.

2. Für den Räucherfischsalat das Dressing zubereiten. Dafür Mayonnaise, Joghurt und Zitronensaft mischen, die Kräuter unterrühren, mit Salz, etwas Zucker und Pfeffer abschmecken. Das Stück Lauch längs halbieren, waschen und in sehr feine Halbringe schneiden. Die Tomaten waschen. Den halben Apfel waschen und entkernen. Das Ei pellen. Tomaten, Apfel, Ei und Essiggurken in feine Würfel schneiden und unter das Dressing rühren.

3. Das Räucherfischfilet sorgfältig entgräten und in kleine Würfel schneiden. Die Würfel vorsichtig unter das Dressing heben. Den Räucherfischsalat zugedeckt kühl stellen.

4. Für den Feldsalat den Salat verlesen, waschen und trocken schleudern. Essig, Schnittlauch, Salz, Pfeffer und 1 Prise Zucker verrühren, dann das Öl dazugeben und alles zu einem Dressing vermischen.

5. Den Feldsalat mit dem Dressing mischen. Den Räucherfischsalat und den Feldsalat auf vier Teller verteilen und mit je 1 Laugenfisch anrichten. Jede Portion nach Belieben mit kleinen Tomatenwürfeln und Petersilie garniert servieren.

Sie möchten die Saiblingshaut mitessen? Dann sollten Sie die Filets vor dem Braten leicht mehlieren – so wird die Haut schön knackig!

Mein Tipp

Die Saiblinge sollte schon 12 bis 30 Stunden vor dem Braten geschlachtet sein, damit sich das Fleisch völlig entspannen kann (nach der Totenstarre). Verwendet man den Saibling zu frisch, wird das Fleisch beim Braten fest und rollt sich.

Mariniertes Saiblingsfilet

mit Rosmarinkartoffeln, Erbsenpüree und Weißweinsauce

Zutaten für 4 Personen

Für die Sauce:
1 Schalotte
100 ml trockener, spritziger Weißwein
2 EL Noilly Prat (franz. Wermut)
400 ml Fischfond (am besten selbst gemacht; ersatzweise aus dem Glas)
250 g Sahne
20 g eiskalte Butter
Salz · Cayennepfeffer
einige Tropfen Zitronensaft

Für die Kartoffeln:
800 g festkochende Kartoffeln
Salz
2 EL Olivenöl
2 TL Rosmarinnadeln

Für den Fisch:
1 große Knoblauchzehe
grobes Meersalz
Pfeffer aus der Mühle
Saft von 2 Zitronen (ca. 70 ml)
1 EL Rapsöl
6–8 Saiblingsfilets mit Haut (ca. 600 g)

Für das Püree:
1 große Knoblauchzehe
200 g Sahne
30 g Butter
Salz · Pfeffer aus der Mühle
frisch geriebene Muskatnuss
500 g tiefgekühlte Erbsen

Für die Salbeibutter:
20 g Salbeiblätter
150 g weiche Butter
1/2 TL Meersalz

1. Für die Sauce die Schalotte schälen und in feine Scheiben schneiden. (Für milderes Aroma die Scheiben kurz unter fließendem Wasser abspülen.) Die Schalottenscheiben in einen Topf geben und den Wein dazugießen. Den Noilly Prat hinzufügen und die Mischung aufkochen. Den Fischfond dazugießen. Die Flüssigkeit bei mittlerer Hitze auf ein Drittel einkochen. Die Sahne hinzufügen, die Sauce vorsichtig aufkochen und bei schwacher Hitze unter häufigem Rühren sämig einkochen. Durch ein feines Küchensieb gießen, die kalte Butter in Stückchen dazugeben und die Sauce mit Salz, Cayennepfeffer und Zitronensaft abschmecken. Warm halten.

2. Für die Kartoffeln die Kartoffeln schälen, waschen, längs in Spalten schneiden und in Salzwasser 5 Minuten garen. Den Backofen auf 200 °C vorheizen. Die Kartoffeln abgießen, Olivenöl und Rosmarin dazugeben und gut vermischen. Auf einem Backblech verteilen und im Ofen auf der mittleren Schiene etwa 20 Minuten backen.

3. Inzwischen für den Fisch den Knoblauch schälen und in feine Würfel schneiden. Mit 3/4 TL Meersalz und Pfeffer im Mörser fein zerstoßen. Den Zitronensaft in eine flache Schale geben. Die Knoblauch-Mischung unterrühren, das Öl dazugeben. Den Saibling waschen, trocken tupfen, darin wenden und etwa 20 Minuten marinieren.

4. Inzwischen für das Püree den Knoblauch schälen, in dünne Scheiben schneiden und mit der Sahne und der Butter in einem Topf aufkochen. Mit Salz, Pfeffer und Muskatnuss würzen. Die Erbsen dazugeben und bei schwacher Hitze 5 Minuten köcheln. Mit dem Stabmixer fein pürieren und warm halten.

5. Für die Salbeibutter den Salbei waschen, trocken tupfen und im Blitzhacker fein hacken. Mit der Butter und dem Salz vermengen.

6. Die Salbeibutter in einer großen Pfanne erhitzen. Die Fischfilets aus der Marinade nehmen, abtropfen lassen und auf der Hautseite in der Salbeibutter etwa 6 Minuten fast durchbraten. Vorsichtig wenden und auf der zweiten Seite ganz kurz durchbraten. Das Filet nicht häufiger als nötig wenden, da das zarte Fleisch leicht zerfällt.

7. Die Sauce mit dem Stabmixer aufschäumen. Die Kartoffelspalten, das Erbsenpüree und die Saiblingsfilets auf vier Teller verteilen. Mit der Weißweinsauce und nach Belieben mit Rosmarin und frisch gemahlenen Rosa Pfefferbeeren garniert servieren.

Wer es nicht zu süß mag, liegt bei dieser leichteren Schokomousse-Variante genau richtig.

Mein Tipp

Wenn man einen dezenteren Weingeschmack bevorzugt, einfach etwas geschlagene Sahne unter die abgekühlte Weinschaumcreme rühren. Wer die Mousse gerne süßer mag, nimmt 200 g Schokolade (50 bis 70 % Kakaoanteil), 30 g Puderzucker und 200 g Sahne.

Weinschaumcreme

von der Mainschleife
mit frischen Früchten und leichter Schokomousse

Zutaten für 4 Personen

Für die Mousse:
3 sehr frische Eiweiß
100 g Zartbitterschokolade
100 g Sahne
1 TL Puderzucker
Schokoraspel zum Garnieren

Für die Creme:
6 Eigelb
90 g Puderzucker
200 ml Weißwein
2 EL Orangenlikör (z. B. Cointreau)

Für die Früchte:
250 g Früchte der Saison
(z. B. Heidelbeeren, Erdbeeren,
Brombeeren, Himbeeren,
Johannisbeeren, Äpfel, Trauben,
Aprikosen)

1. Für die Mousse die Eiweiße zu steifem Schnee schlagen. Inzwischen die Schokolade hacken und über dem heißen Wasserbad bei schwacher Hitze schmelzen. Etwas abkühlen lassen (auf unter 40 °C, sie sollte aber flüssig bleiben). Langsam in den Eischnee einlaufen lassen und dabei mit den Quirlen des Handrührgeräts gut unterrühren. Ist die Schokolade noch zu heiß, bilden sich Klümpchen.

2. Die Sahne mit dem Puderzucker sehr steif schlagen, unter die Schokoladenmasse heben und die Mischung mindestens 4 Stunden (am besten über Nacht) zugedeckt in den Kühlschrank stellen.

3. Für die Creme die Eigelbe mit dem Puderzucker mit dem Schneebesen sehr schaumig rühren. Den Wein und den Likör dazugeben und alles in einem Topf bei schwacher Hitze 5 bis 9 Minuten rühren, bis die Flüssigkeit eindickt (bei etwa 70 °C). Die Weinschaumcreme auf vier kleine Schälchen verteilen.

4. Für die Früchte die Früchte je nach Sorte verlesen, waschen und trocken tupfen, Kern- und Steinobst entkernen bzw. entsteinen und in Spalten schneiden. Auf vier Desserttellern anrichten. Mithilfe von zwei Esslöffeln von der Schokomousse Nocken abstechen und auf die Teller setzen. Je ein Schälchen mit Weinschaumcreme dazustellen. Nach Belieben mit Schokoraspeln garniert servieren.

Karpfenfilet

im Bierteig mit Kartoffelsalat

Zutaten für 4 Personen

Für den Kartoffelsalat:
1 kg festkochende Kartoffeln
Salz
1 Zwiebel
3–4 EL Öl
1/4 l Gemüsebrühe
2–3 EL Essig
1 TL mittelscharfer Senf
Pfeffer aus der Mühle

Für das Karpfenfilet:
Salz
12 g Pfeffer aus der Mühle
6 g gemahlener Kümmel
1/2 l Hefeweizenbier (oder anderes Bier)
4 Karpfenfilets (1–1,2 kg)
1–2 Eier
Semmelbrösel
Rapsöl zum Braten

1. Für den Kartoffelsalat die Kartoffeln schälen, waschen und in Salzwasser etwa 20 Minuten weich garen. Etwas abkühlen lassen, in Scheiben schneiden und in eine Schüssel geben. Die Zwiebel schälen und in feine Würfel schneiden.

2. In einer Pfanne 1 EL Öl erhitzen und die Zwiebel darin 3 bis 4 Minuten andünsten. Herausnehmen und mit der Brühe, dem Essig, dem übrigen Öl, dem Senf sowie Salz und Pfeffer gründlich verrühren. Das Dressing über die Kartoffeln gießen und vorsichtig damit vermischen. Den Kartoffelsalat mindestens 30 Minuten durchziehen lassen.

3. Inzwischen für das Karpfenfilet 40 g Salz, den Pfeffer und den Kümmel mit dem Bier verrühren und in eine flache Form gießen. Die Karpfenfilets waschen, trocken tupfen, in die Lake legen und 30 Minuten darin ziehen lassen.

4. Die Eier in einem tiefen Teller verquirlen. Die Semmelbrösel in einen zweiten tiefen Teller geben. Die Karpfenfilets aus der Lake nehmen, abtropfen lassen, zuerst durch die verquirlten Eier ziehen und dann in den Semmelbröseln wenden.

5. Reichlich Öl in einer großen Pfanne erhitzen und die Filets darin 8 bis 10 Minuten ausbacken. Die Fischfilets auf Küchenpapier abtropfen lassen, auf Teller verteilen und den Kartoffelsalat dazu anrichten.

Mein Tipp:
Der Kartoffelsalat schmeckt auch gut mit einer in Scheiben gehobelten Salatgurke und 2 hart gekochten und in Stücke geschnittenen Eiern. Dieses Gericht ist sehr gesund: Karpfen hat sehr hochwertiges Fleisch mit vielen Omega-3-Fettsäuren, denn er ernährt sich überwiegend natürlich und wird nur mit Getreide gefüttert. Erst nach drei Jahren hat er seine fertige Speisefischgröße erreicht. Achten Sie beim Kauf darauf, den Fischhändler nach einem gewässerten Karpfen zu fragen.

Mainfränkische Fischsuppe

mit Tomaten

Zutaten für 4 Personen

1 große Zwiebel · 100 g Lauch
100 g Staudensellerie · 100 g Karotten
100 g rote Paprikaschote · 40 ml Öl
1 EL Tomatenmark · 1 EL Paprikapulver (edelsüß)
1 l Fischfond (am besten selbst gemacht)
1/4 l Weißwein · 2 TL Salz · Pfeffer aus der Mühle
1/2 TL Zucker · 120 g stückige Tomaten (aus der Dose)
1 Schuss Essig · 1 Lorbeerblatt · 1 Stiel Liebstöckel
400 g Karpfen- oder Wallerfilets (ohne Haut; gewürfelt) · 200 g Räucherforellenfilets (ohne Haut; gewürfelt) · 2 EL Kräuter (z. B. Schnittlauch, Petersilie; gehackt)

1. Die Zwiebel schälen. Den Lauch und den Sellerie putzen und waschen. Die Karotten putzen und schälen. Die Paprikaschote entkernen und waschen. Das Gemüse in feine Würfel schneiden.

2. Das Öl in einem großen Topf erhitzen. Das Gemüse hinzugeben und andünsten. Das Tomatenmark und das Paprikapulver dazugeben und kurz mitrösten. Den Fond und den Wein angießen und alles mit Salz, Pfeffer und Zucker abschmecken.

3. Die Tomaten, den Essig, das Lorbeerblatt und den gewaschenen Liebstöckelstiel dazugeben und 5 Minuten köcheln lassen.

4. Die Fischstücke in den Gemüsesud legen und bei schwacher Hitze etwa 15 Minuten ziehen lassen. Die Suppe abschmecken, die Kräuter dazugeben und sofort servieren. Dazu passt Baguette.

Mein Tipp:
Mit mehr Fischeinlage und Kartoffeln als Beilage hat man auch eine hervorragende Hauptspeise.

Tiramisu klassisch

oder als Torte

Zutaten für 8 Personen

2 sehr frische Eier · 2 EL Zucker
1 Päckchen Vanillezucker · 500 g Mascarpone
200 g Sahne · ca. 100 ml kalter Espresso oder sehr starker kalter Kaffee · ca. 100 ml Amaretto (ersatzweise Espresso) · 200 g Löffelbiskuits
Kakaopulver zum Bestäuben

1. Die Eier trennen. Die Eigelbe mit dem Zucker und dem Vanillezucker sehr schaumig rühren. Die Eiweiße zu steifem Schnee schlagen. Zuerst den Mascarpone, dann die Eiweiße unter die Eigelbcreme heben. Die Sahne steif schlagen und ebenfalls unterheben.

2. Den Espresso oder Kaffee und den Amaretto in einem tiefen Teller mischen. Die Löffelbiskuits kurz in die Mischung tauchen und eine rechteckige Form (ca. 20 x 27 cm) mit der Hälfte der Biskuits auslegen. Mit der Hälfte der Creme bedecken, nochmals eine Schicht getauchte Biskuits und zum Schluss die restliche Creme daraufgeben. Die Creme glatt streichen. Mit reichlich Kakao bestäuben und das Tiramisu mindestens 4 Stunden (am besten über Nacht) zugedeckt im Kühlschrank durchziehen lassen.

Mein Tipp:
Das Tiramisu schmeckt auch als Torte köstlich! Hierzu einen Biskuitboden (Fertigprodukt; oder Biskuit mit 5 Eiern zubereiten) in 3 waagrechte Lagen schneiden. 2 Biskuitlagen auf beiden Seiten mit der Kaffee-Amaretto-Mischung bestreichen, den unteren Boden nur von oben. In die Creme 5 Päckchen Sahnesteif einrühren (3 in die Eiermasse, 2 in die Sahne). Die Böden mit je einem Viertel der Eier-Mascarpone-Creme bestreichen und aufeinandersetzen. Mit dem letzten Viertel Creme die Torte rundum bestreichen. Die Tiramisu-Torte mit reichlich Kakaopulver bestäuben und mindestens 4 Stunden (am besten über Nacht) zugedeckt im Kühlschrank durchziehen lassen.

Mittelfranken

Kleine, private Brauereien liefern den Gerstensaft für deftige Schmankerln. Aber Mittelfranken hat mehr zu bieten als urige Gastlichkeit: zum Beispiel herrliche Kulturlandschaften, die so manches Kleinod bergen.

Nicht nur Hopfen und Wein, auch zarte Gemüse und Obst finden hier fruchtbaren Boden: Kirschen, Zwetschgen, Spargel, zum Beispiel. Und würzige Kräuter von Wiesen und Weiden. Kein Wunder, dass die Landfrauenküche hier fast ein wenig mediterran wirkt: sonnig, sommerlich und frisch.

Frisches Gemüse aus der Region wird immer beliebter. Auf ihrem Gemüsehof im Nürnberger Knoblauchsland trägt Renate Höfler mit dazu bei, dass der Nachschub daran nicht ausgeht. Mit ihrem Mann kultiviert sie verschiedene Sorten Tomaten, Mini- und Schlangengurken.

Renate Höfler

Die fränkische Gemüsebäuerin traf als junge Frau eine folgenreiche Entscheidung. Und erntet heute die Früchte dafür!

Sie hat gut lachen: Wenn Renate Höfler daran denkt, was sie mit elf Jahren beschlossen hatte, ist sie heilfroh, dass sie ihren Entschluss von damals nicht in die Tat umgesetzt hat. „Als Mädchen schwor ich, niemals Bäuerin zu werden", erzählt sie. Ihre Eltern führten einen Gemüsehof, und so bekam die kleine Renate früh mit, wie viel Arbeit damit verbunden ist – und wie wenig Zeit dabei oft für die Familie bleibt. „Wenn ich mal Kinder habe", sagte sie sich damals, „will ich so nicht leben." Aber dann kam Willi – und alles anders. „Willi," sagt Renate, „ist mein bestes Stück." Willi ist Renates Ehemann. Als sie sich kennenlernten, stellte er klar: „Wenn du keine Bäuerin werden möchtest, kann das mit uns nichts werden." Aber Renate wollte Willi. Und sie wollte auch, dass die über 150-jährige Geschichte ihres elterlichen Gemüsehofs im Nürnberger Knoblauchsland weitergeschrieben wird. Heute sind sie und Willi in der fünften Generation Gemüsebauern auf Renates elterlichem Hof. Seit 33 Jahren. Sie haben drei erwachsene Kinder und vier Enkel. Und ernten jeden Tag die Früchte von Renates Entscheidung: sechs Sorten Tomaten, Schlangen-, Mini- und Snackgurken.

Der Gemüsehof von Renate und Willi Höfler ist seit über 150 Jahren in Familienbesitz.

Das Knoblauchsland am nördlichen Stadtrand von Nürnberg ist eine fruchtbare Gegend. Früher lebten hier zahlreiche kleinbäuerliche Familien. Auf dem leicht sandigen, humosen Ackerboden bauten sie an, was sie zum Leben brauchten: Kartoffeln und allerlei Gemüse, und eben auch Zwiebeln und Knoblauch. Das Heimatgefühl ist hier tief verwurzelt. Auch bei Renate. Wenn sie in ihrem weichen, mittelfränkischen Zungenschlag vom Knoblauchsland erzählt, spürt man, wie innig sie mit dieser Region verbunden ist. Die bringt nicht nur Gemüse hervor. Sondern steht auch für einen Wert, den immer mehr Verbraucher schätzen: das Regionale. Der gute Boden, erklärt Renate, bringe eine schöne Qualität hervor. Und „schön" – das bedeutet für sie: erntefrisch, reif, saftig und knackig. Bei ihren Gurken und Tomaten ist ihr der biologische Pflanzenschutz besonders wichtig.

Von April bis November ernten die Höflers ihre verschiedenen Gemüsearten. Die verkaufen sie wochentags ab fünf Uhr früh auch auf dem Nürnberger Großmarkt. Als ihr Sohn Johannes beschloss, in ihre Fußstapfen zu treten, trafen Renate und Willi wieder eine folgenreiche Entscheidung. Und investierten in den Ausbau des Gemüsehofs. Heute hilft nicht nur Johannes tatkräftig mit am Hof. Auch 20 Mitarbeiter tragen dazu bei, dass das Gemüse der Höflers jeden Tag frisch zu den Kunden kommt.

Bestimmt liegt es auch an der zupackenden Hilfe, dass Renate heute, anders als die Bäuerinnen früher, genügend Zeit für die Familie hat. Die nutzt sie auch gerne zum Backen und Kochen mit den Enkelkindern. Wenn man so wie Renate die Zutaten dafür direkt vor der Haustür frisch ernten kann, muss man sich beim Kochen nicht verkünsteln, um daraus etwas Köstliches zu zaubern. Schon als Mädchen bekam Renate ihre Liebe zum Kochen von der Oma vermittelt. „Und was man als Kind lernt", sagt sie, „das lernt man fürs Leben." Vielleicht auch dies: dass das Bodenständige mitunter die schönsten Früchte hervorbringt – wenn man es zulässt.

Die Tomatenbutter passt auch gut zu Steak oder Brot.

Dreierlei

von der Tomate

Für 4 Personen

Für den Tomatensalat:
600 g gemischte Tomaten (z. B. Cocktailtomaten, Eierstrauchtomaten, San-Marzano-Tomaten und Snacktomaten)
100 g Mozzarella (Mini-Kugeln oder gewürfelt)
geröstete Pinienkerne
1 Handvoll Basilikumblätter

Für das Pesto:
40 g Basilikum
20 g Petersilie
1 Bund Rucola
1 kleine Knoblauchzehe
80 ml Sonnenblumenöl
40 ml Olivenöl
Salz · Pfeffer aus der Mühle

Für die Tomatenbutter:
150 g Butter (zimmerwarm)
50 g Crème fraîche (zimmerwarm)
2 EL Tomatenmark
evtl. 1 EL Olivenöl
1/2 TL fein geriebener Knoblauch
Salz · Pfeffer aus der Mühle

Für die Tomatenessenz:
6 Tomaten
100 ml Gemüsebrühe
10 Basilikumblätter
Meersalz · Pfeffer aus der Mühle

1. Für den Tomatensalat alle Tomaten waschen, in Scheiben oder Viertel schneiden, dabei die Stielansätze entfernen. Tomaten auf vier Teller verteilen. Mozzarella, Pinienkerne und Basilikumblätter darauf anrichten. Nach Belieben mit Rucola garnieren.

2. Für das Pesto das Basilikum und die Petersilie waschen, trocken tupfen und die Blätter abzupfen. Den Rucola verlesen, waschen und trocken schleudern, grobe Stiele entfernen. Den Knoblauch schälen. Die Kräuter, den Rucola und den Knoblauch mit beiden Ölsorten im Mixer fein pürieren und mit Salz und Pfeffer würzen. Etwas Pesto über den Tomatensalat träufeln. (Das restliche Pesto hält sich 1 Woche im Kühlschrank und schmeckt auch als Nudelsauce.)

3. Für die Tomatenbutter die Butter mit den Quirlen des Handrührgeräts schaumig und weiß-cremig schlagen. Die Crème fraîche und das Tomatenmark unterrühren, eventuell etwas Olivenöl hinzufügen, wenn die Masse nicht geschmeidig ist. Die Tomatenbutter mit Knoblauch, Salz und Pfeffer würzen. In diesem Zustand lässt sich die Butter gut zu Tupfen spritzen oder in Förmchen einfüllen und glatt streichen (im Kühlschrank hält sie 1 Woche).

4. Für die Tomatenessenz die Tomaten waschen, in Stücke schneiden und im Mixer mit der Brühe, dem Basilikum, Meersalz und Pfeffer fein pürieren. Durch ein feines Sieb streichen und in einem Topf zum Kochen bringen. Ein Sieb mit Küchenpapier auslegen, die Mischung hineingießen und abtropfen lassen. Die Essenz mit Meersalz und Pfeffer abschmecken.

5. Den Tomatensalat auf Tellern anrichten, die Tomatenbutter nach Belieben mit Basilikum garnieren und dazu reichen. Die Tomatenessenz auf Gläser verteilen, nach Belieben ein paar Tomatenwürfelchen dazugeben. Alles mit Weißbrot servieren.

Je feiner die Kartoffeln gehobelt werden, desto besser nehmen sie die Sauce auf.
Eine interessante Variante des fränki-schen Klassikers mit Schweineschulter

Kalbsschäufele

mit Spargelragout und Kartoffelgratin

Für 4 Personen

Für das Schäufele:
1/2 Kalbsschäufele (Kalbsschulter mit Knochen; der Länge nach vom Metzger halbieren lassen; 3–4 kg)
1 Karotte
1/2 Stange Lauch
2 Zwiebeln
Butterschmalz
Salz · Pfeffer aus der Mühle
1 EL Tomatenmark
ca. 1/4 l Silvaner (ersatzweise anderer Weißwein)
ca. 1 l Kalbsfond

Für das Gratin:
500 g festkochende Kartoffeln
1 Zweig Thymian
100 ml Milch
150 g Sahne
frisch geriebene Muskatnuss
Salz · Pfeffer aus der Mühle

Für das Ragout:
1 kg weißer Spargel
Salz
Saft von 1 Zitrone
1 EL Öl
Pfeffer aus der Mühle
1–2 EL kalte Butter (oder Crème fraîche nach Belieben)
1 Bund Schnittlauch

1. Für das Schäufele den Backofen auf 180 °C vorheizen. Von der Kalbsschulter die Silberhaut entfernen. Die Gemüse putzen und waschen bzw. schälen und in feine Würfel schneiden.

2. Das Butterschmalz in einer Pfanne erhitzen und das Fleisch darin rundum anbraten. In einen Bräter geben und mit Salz und Pfeffer würzen. Die Gemüse in der Pfanne im übrigen Bratfett anbraten. Das Tomatenmark dazugeben und kurz mitrösten. Mit Wein und Fond ablöschen, etwas einköcheln lassen und zum Fleisch geben. Den Bräter verschließen und das Schäufele etwa 2 1/2 Stunden garen. Dann die Ofentemperatur auf 200 °C erhöhen und das Schäufele ohne Deckel weitere 30 Minuten garen. Das Fleisch warm stellen. Die Sauce einköcheln lassen und abschmecken.

3. Für das Gratin die Kartoffeln schälen, in Scheiben hobeln und in eine ofenfeste Form schichten. Den Thymian waschen, trocken tupfen und die Blättchen abzupfen. Die Milch mit der Sahne, dem Thymian und den Gewürzen verquirlen und über die Kartoffeln gießen. Die Form mit Alufolie bedecken und das Gratin bei 180 °C etwa 1 Stunde garen. Die Folie entfernen und das Gratin offen etwa 30 Minuten weitergaren.

4. Für das Ragout den Spargel schälen und die holzigen Enden abschneiden. Den Spargel schräg in Stücke schneiden und in kochendem Salzwasser mit dem Zitronensaft etwa 2 Minuten blanchieren. Den Topf von der Herdplatte nehmen und den Spargel im Sud etwa 30 Minuten ziehen lassen. In ein Sieb abgießen.

5. Das Öl in einem Topf erhitzen und den Spargel darin kurz dünsten, mit Salz und Pfeffer würzen. Die kalte Butter kräftig unterrühren, bis die Sauce gut bindet. Den Schnittlauch waschen, trocken tupfen und in Röllchen schneiden. Das Spargelragout damit bestreuen.

6. Das Kalbsschäufele vom Knochen lösen und in Scheiben schneiden. Mit der Sauce, dem Kartoffelgratin und dem Spargelragout anrichten. Nach Belieben mit geviertelten Cocktailtomaten und angebratenem grünem Spargel garnieren.

So isst das Auge mit: Eine Erdbeere in dunkle Kuvertüre stippen und ein paar Himbeeren mit einem Tupfen weißer Kuvertüre füllen.

Mein Tipp

Um wie in der Sendung eine „schiefe Ebene“ für die Buttermilchcreme im Glas zu bekommen, nutze ich einen einfachen Trick mit Eierkartons: Die Gläser schräg hineinstellen, die Creme einfüllen und dann mitsamt dem Karton in den Kühlschrank stellen.

Erdbeer-Joghurt-Törtchen

und
Buttermilchcreme mit Erdbeersauce

Für 4 Personen

Für den Tortenboden:
60 g dunkle Kuvertüre
60 g Butter
10 g Mehl
30 g Kakaopulver
3 Eier
60 g Zucker

Für die Füllung:
4 Blatt Gelatine
250 g Erdbeeren
100 g Puderzucker
150 g Naturjoghurt
200 g Sahne
1 EL Erdbeerlikör
1 EL Erdbeersirup
Erdbeerwürfel zum Garnieren

Für die Buttermilchcreme:
2 Blatt Gelatine
100 g Buttermilch
50 g Puderzucker
Saft von 1/2 Zitrone
150 g Sahne

Für die Erdbeersauce:
250 g Erdbeeren
100 g Puderzucker

1. Für den Tortenboden den Backofen auf 160 °C vorheizen. Ein Backblech mit Backpapier belegen. Die Kuvertüre mit der Butter über dem heißen Wasserbad schmelzen. Das Mehl mit dem Kakaopulver in eine Schüssel sieben und mischen. Die Eier trennen. Die Eiweiße mit dem Zucker zu steifem Schnee schlagen. Die Eigelbe unter den Eischnee rühren. Erst die Mehlmischung, dann die Schokoladenbutter unterheben. Den Teig in einer Größe von 20 x 40 cm auf das Backpapier streichen und im Ofen auf der mittleren Schiene etwa 10 Minuten backen.

2. Für die Füllung die Gelatine in kaltem Wasser einweichen. Die Erdbeeren waschen, putzen, pürieren, durch ein Sieb streichen und mit dem Puderzucker und dem Joghurt verrühren. Die Gelatine ausdrücken, in einem kleinen Topf erwärmen und unter Rühren auflösen. Etwas von der Erdbeer-Joghurt-Masse unterrühren und unter die restliche Erdbeer-Joghurt-Masse rühren. Die Sahne steif schlagen und mit dem Erdbeerlikör und dem Erdbeersirup unter die Joghurtmasse ziehen.

3. Aus dem gebackenen Biskuitteig mit Dessert- oder Anrichteringen (6 bis 8 cm Durchmesser) Kreise ausstechen. Die Joghurtmasse auf die Biskuitböden in den Ringen verteilen. Die Törtchen kühl stellen und etwa 3 Stunden fest werden lassen.

4. Für die Buttermilchcreme die Gelatine in kaltem Wasser einweichen. Die Gelatine ausdrücken und in einer Tasse mit etwas Buttermilch über dem heißen Wasserbad auflösen. Die restliche Buttermilch, den Puderzucker und den Zitronensaft in einer Schlüssel verrühren und die Gelatine dazugeben. Die Sahne steif schlagen und unterheben. Vier Gläser mit kaltem Wasser ausspülen, die Creme einfüllen (siehe Tipp links) und zugedeckt mindestens 2 Stunden kühl stellen. Vor dem Servieren mit Erdbeerkompott auffüllen.

5. Für die Erdbeersauce die Erdbeeren waschen, putzen und mit dem Puderzucker pürieren. Die Sauce nach Belieben durch ein feines Sieb streichen, um die Kerne zu entfernen. Vor dem Servieren auf die Creme in den Gläsern verteilen.

6. Die Dessertringe von den Törtchen entfernen und die Törtchen mit Erdbeerwürfeln garnieren. Mit der Creme im Glas anrichten.

Gebratenes Saiblingsfilet

mit Petersilienkartoffeln und Paprikagemüse

Zutaten für 4 Personen

Für das Gemüse:
1 Zwiebel
1 kleine Knoblauchzehe
500 g rote und orange Paprikaschoten
5 EL Raps- oder Olivenöl
125 g Sahne
1 EL Tomatenmark
etwas Zucker
Salz · Pfeffer aus der Mühle
2 Stiele Petersilie (gehackt)

Für den Fisch:
4 Saiblingsfilets (à 150–200 g, mit Haut; ersatzweise Doraden- oder Lachsforellenfilets)
etwas Butterschmalz
Salz · Pfeffer aus der Mühle

Für die Kartoffeln:
500 g festkochende Kartoffeln
Salz
ca. 1 Bund Petersilie
50 g Butter

1. Für das Gemüse die Zwiebel und den Knoblauch schälen und in feine Würfel schneiden. Die Paprikaschoten längs halbieren, entkernen, waschen und in Streifen schneiden. In einem Topf 2 EL Öl erhitzen. Zwiebel, Knoblauch und Paprikastreifen darin andünsten. Die Sahne dazugeben und das Gemüse darin etwa 15 Minuten bissfest ziehen lassen.

2. Das Gemüse in ein Sieb abgießen. Den Sud auffangen und mit Tomatenmark, Zucker, Salz und Pfeffer abschmecken. Das restliche Öl mit dem Stabmixer unter den Sud mixen, bis er schön cremig ist. Nach Belieben nochmals kurz aufkochen, dann vom Herd nehmen. Das Gemüse wieder dazugeben und mit der Petersilie bestreuen.

3. Für den Fisch die Saiblingsfilets waschen und trocken tupfen. Das Butterschmalz in einer Pfanne erhitzen und die Filets darin auf der Hautseite bei mittlerer Hitze kross anbraten. Wenden und bei schwacher Hitze gar ziehen lassen. Die Filets auf Küchenpapier abtropfen lassen und mit Salz und Pfeffer würzen.

4. Für die Kartoffeln die Kartoffeln waschen und mit Schale in Salzwasser weich garen. Inzwischen die Petersilie waschen und trocken schütteln, die Blätter abzupfen und fein hacken. Die Butter in einer Pfanne zerlassen und die Petersilie unterrühren. Die Kartoffeln abgießen, pellen und in der Petersilienbutter schwenken.

5. Die Fischfilets auf Teller verteilen und mit den Petersilienkartoffeln und dem Paprikagemüse anrichten.

Spargel-Rucola-Salat

mit Honigdressing

Zutaten für 4 Personen

6 EL Öl
Saft und abgeriebene Schale von 2 Bio-Zitronen oder Bio-Limetten
Salz · Pfeffer aus der Mühle
1 EL Honig
500 g weißer Spargel
1 kleines Bund Rucola
100 g Cocktailtomaten

1. Das Öl mit dem Zitronensaft und der -schale verrühren. Mit Salz, Pfeffer und Honig abschmecken.

2. Den Spargel schälen und die holzigen Enden abschneiden. Die Stangen schräg in hauchdünne Scheiben schneiden oder hobeln und in einer Schüssel mit dem Honigdressing vermischen. Zugedeckt etwa 30 Minuten ziehen lassen.

3. Den Rucola verlesen, waschen und trocken schütteln. Unter den Spargel mischen. Die Tomaten waschen, trocken tupfen, halbieren und auf dem Spargel-Rucola-Salat verteilen. Den Salat servieren. Dazu passt Knoblauchbrot.

Gelbe-Rüben-Kuchen

mit Schokoguss

Zutaten für 1 Springform (26 cm Durchmesser)

400 g Karotten
6 Eier
200 g Zucker
125 g gemahlene Mandeln
125 g gemahlene Haselnüsse
50 g Mehl
1/2 Päckchen Backpulver
1 Msp. Zimtpulver
Salz
Butter für die Form
200 g Schokoguss (Fertigprodukt)
geschlagene Sahne zum Servieren

1. Den Backofen auf 180 °C vorheizen. Die Karotten putzen, schälen und auf der Küchenreibe fein raspeln. Die Eier trennen und die Eigelbe mit 100 g Zucker schaumig rühren.

2. Die Karottenraspel mit den Mandeln, den Haselnüssen, dem Mehl, dem Backpulver und dem Zimt in einer Schüssel mischen. Die Eiweiße mit 1 Prise Salz zu steifem Schnee schlagen, dabei den übrigen Zucker einrieseln lassen. Den Eischnee und die Eigelbmasse mischen und die Karotten-Nuss-Mischung unterheben.

3. Eine Backform mit Butter einfetten. Den Teig einfüllen und im Ofen auf der mittleren Schiene 50 bis 60 Minuten backen. Den Schokoguss nach Packungsanweisung schmelzen. Den Kuchen aus dem Ofen holen und aus der Form lösen. Mit dem flüssigen Schokoguss bestreichen und diesen fest werden lassen. Den Kuchen in Stücke schneiden und mit 1 Klecks geschlagener Sahne servieren.

Mein Tipp:
Dieser Kuchen schmeckt auch nach ein paar Tagen noch lecker und saftig.

Moderne Landwirtschaft: Manja Rohm hat einen vielseitigen Beruf. Als gelernte Landwirtin arbeitet sie auf dem Biomassehof ihrer Eltern im mittelfränkischen Ort Roth, meistert schwere Wald- und Holzfällarbeiten, steuert große Laster und Maschinen und transportiert Hackschnitzel und Silage.

Manja Rohm

Sie liebt Pferde und Pferdestärken, arbeitet mit schweren Maschinen und Motoren – und steht in einer Männerdomäne ihre Frau.

Wenn Manja Rohm am Steuer ihres 40-Tonners sitzt und schwere Güter wie Hackschnitzel oder Silage transportiert, ist sie die Königin der Landstraße: eine junge Frau in einem Männerjob. Manja ist Kraftfahrerin; Lkw-Fahren gilt auch heute noch als Beruf für schwere Jungs. Wenn Manja hingegen ihr festliches Dirndl trägt und die Fichtenholzkrone im Haar, ist sie eine Prinzessin – eine „Waldprinzessin" sogar. Der Bayerische Waldbesitzerverband verlieh ihr diesen Titel, als er sie 2015 zu seiner Repräsentantin wählte. Zwei Jahre darf sie bei offiziellen Empfängen nun die Waldbesitzer vertreten und die filigran geschnitzte Krone tragen. Wenn Manja aber nach einem langen Arbeitstag ihre schweren Arbeitsklamotten ablegt, sich ihren Hund Buddy schnappt und zu den Schafen und Pferden auf die Koppel geht, ist sie vor allem nur noch eines: rundum glücklich.

„Ich habe keinen Fernseher und brauche auch keinen", sagt sie. Nach der Arbeit geht sie am liebsten raus an die frische Luft, anstatt sich aufs Sofa zu legen. Das Arbeiten im Wald, das Fahren mit dem Lkw kostet sie Kraft, erklärt sie: „Dann mag ich am Abend manchmal nix hören, nix sehen. Nur still bei meinen Tieren sitzen, die Ruhe genießen und das Draußensein." Das Glück der einfachen Dinge. Manja lebt mit ihren Eltern auf dem Biomassehof in Roth, in der Nähe von Nürnberg; als sie beschloss, in den Betrieb einzusteigen, zog sie wieder nach Hause. Das ist nicht nur praktisch. Es kommt auch ihrem Gemeinschaftssinn entgegen. Obwohl sie gern mal für sich selber kocht, isst sie am liebsten mit der Familie zusammen. Dann gibt es einfache, gute Dinge, ein Steak, dazu Salat und Gemüse oder auch mal einen Gemüseauflauf.

Manjas Arbeitstage sind meist anstrengend; oft steht sie um fünf Uhr auf und arbeitet den ganzen Tag über mit schweren Maschinen: Waldpflege- und Forstarbeiten, Bäume fällen, Hackschnitzel produzieren. Auch Manjas Bruder Tobias und ihre Schwester Melanie arbeiten auf dem Biomassehof. Ein Familienbetrieb, der sich auf Wald- und Holzarbeiten spezialisiert hat. Zimperlich darf man da nicht sein: „Meine Fingernägel sind immer kurz", sagt Manja und lacht. Als Kinder hätten sie und ihre Geschwister am liebsten den ganzen Tag über draußen gespielt, auf den Spargelfeldern der Eltern zum Beispiel, und nach Herzenslust in Sand und Erde gewühlt. Das hat sie geprägt: Manjas Schwester wurde Lkw-Mechatronikerin, ihr Bruder Zimmerer. Manja machte nach der Realschule ihre Lehre zur Landwirtin – Lkw-Schein inklusive.

»In meinem Beruf bin ich viel an der frischen Luft. Das ist für mich das Schönste!«

Dass sie Landwirtin wurde, liegt auch an ihrer Liebe zu Tieren. „Ich habe noch nie ein Tier gesucht. Die Tiere finden mich", sagt die passionierte Reiterin. Bei Manja finden vor allem Tiere, denen es mal nicht so gut ging, ein liebevolles, neues Zuhause: Sultan, ihr Kaltblutpferd, das in seinem früheren Leben geschlagen wurde; Ramon, das einstige Sportpferd, das nach einer Sprunggelenkverletzung nicht mehr als Leistungsträger taugte. Dazu zwei Katzen und drei Schafe. Und Buddy, ihr Hund, der früher einmal Sprengstoffhund war und bei seinem Job ein Bein verlor. Manja ist eine taffe Frau. Und sie hat ein großes Herz.

Mein Tipp

Die Hauptsaison für Bärlauch ist zwischen März und Mai. Am besten, man erntet reichlich Bärlauch in dieser Zeit und friert übrige Blätter ein. Wenn er zu blühen beginnt, verliert er an Aroma, aber natürlich kann man ihn dann immer noch verwenden.

Bärlauchcappuccino

mit Schnittlauch

Zutaten für 4 Personen

2 Zwiebeln
1 Knoblauchzehe
ca. 300 g mehligkochende Kartoffeln
40 g Butter
800 ml Gemüsebrühe
200 g Sahne
Salz · Pfeffer aus der Mühle
frisch geriebene Muskatnuss
100 g Bärlauch
1 TL Zitronensaft
einige Schnittlauchhalme (oder Bärlauchblätter) zum Garnieren

1. Die Zwiebeln und den Knoblauch schälen und in feine Würfel schneiden. Die Kartoffeln ebenfalls schälen, waschen und in Würfel schneiden. Die Butter in einem großen Topf erhitzen und Zwiebel-, Knoblauch- und Kartoffelwürfel darin andünsten. Inzwischen in einem zweiten Topf die Gemüsebrühe erwärmen. Die warme Brühe zu den Gemüsewürfeln gießen.

2. Die Sahne dazugeben und das Ganze mit etwas Salz, Pfeffer und 1 Prise Muskatnuss würzen. Den Bärlauch waschen, trocken schütteln und klein schneiden. In die Suppe geben. Den Zitronensaft ebenfalls hinzufügen und alle Zutaten mit dem Stabmixer fein pürieren.

3. Den Schnittlauch waschen, trocken tupfen und schräg in Röllchen schneiden. Die Suppe in einen Sahnesyphon füllen und in vier Tassen sprühen oder ohne Syphon auf die Tassen verteilen. Jede Portion mit Schnittlauchröllchen oder klein geschnittenem Bärlauch garnieren.

Mein Tipp

Dieses Rezept lässt sich auch leicht in ein Low-Carb-Rezept verwandeln: Einfach Honig und Zucker beim Salat weglassen und die Zwiebelringe ohne Mehl anbraten. Wenn der Spargel gerade keine Saison hat, essen wir zu den Steaks gerne Kartoffelbrei.

Holzfällersteak

mit gebratenem Spargel

Zutaten für 4 Personen

Für die Kräuterbutter:
1 Zwiebel
1 Knoblauchzehe
1 Zweig Thymian
je 3 Stiele Oregano, Estragon und Petersilie
einige Schnittlauchhalme
175 g Butter
Salz

Für die Steaks:
800 g Rinderfilet oder Roastbeef
Salz
30 g Butterschmalz
Pfeffer aus der Mühle

Für den Salat:
1/2 Kopfsalat
1 Bund Radieschen
1 Bund Frühlingszwiebeln
1 kleine Salatgurke
1 rote Paprikaschote
2 EL Essig · 1 EL Öl
1 TL mittelscharfer Senf
2 TL Honig · Salz
Pfeffer aus der Mühle
Zucker

Für die Zwiebelringe:
3–4 Zwiebeln
Mehl
Öl zum Ausbacken

Für den Spargel:
800 g weißen und grünen Spargel
Butter zum Braten
Salz · Pfeffer aus der Mühle
2 EL Crème fraîche

1. Am Vortag für die Kräuterbutter die Zwiebel und den Knoblauch schälen und in grobe Würfel schneiden. Die Kräuter waschen und trocken schütteln, die Blätter bzw. Nadeln abzupfen. Zwiebel, Knoblauch und Kräuter im Mixer sehr fein zerkleinern. Die Butter und etwas Salz untermixen. Die Kräuterbutter in einen Spritzbeutel geben und auf einen großen Teller Rosetten spritzen. Zugedeckt über Nacht kühl stellen.

2. Am nächsten Tag für die Steaks das Fleisch mindestens 30 Minuten vor dem Braten aus dem Kühlschrank nehmen. In 4 je 2 bis 3 cm dicke Stücke schneiden. Die Fleischstücke auf beiden Seiten mit Salz würzen und bis zur Verwendung zugedeckt bei Zimmertemperatur ruhen lassen.

3. Für den Salat den Kopfsalat waschen, trocken schleudern und in kleine Stücke zupfen. Die Radieschen und die Frühlingszwiebeln putzen und waschen, die Gurke waschen, die Paprika längs halbieren, entkernen und waschen. Alle Gemüse klein schneiden. Für das Dressing Essig, Öl, Senf, Honig, 1/2 TL Salz, etwas Pfeffer und Zucker mit 100 ml Wasser verrühren. Das Dressing bis zur Verwendung kühl stellen.

4. Für die Zwiebelringe die Zwiebeln schälen, in Ringe schneiden und mit etwas Mehl vermischen. Das Öl in einem großen Topf erhitzen. Es ist heiß genug, wenn sich an einem hineingehaltenen Holzlöffelstiel Blasen bilden. Die Zwiebelringe im Öl ausbacken. Mit dem Schaumlöffel herausheben und auf Küchenpapier abtropfen lassen.

5. Für den Spargel den Spargel waschen, grünen Spargel im unteren Drittel schälen, weißen Spargel ganz schälen. Die holzigen Enden jeweils abschneiden und die Stangen schräg in Stücke schneiden.

6. Den Backofen auf 180 °C vorheizen. Das Butterschmalz in einer Pfanne stark erhitzen und die Steaks darin auf jeder Seite 1 Minute anbraten. Mit Pfeffer würzen, einzeln in Alufolie wickeln und im Ofen etwa 15 Minuten garen. (Wenn man eine niedrigere Ofentemperatur wählt, wird das Fleisch zarter, muss allerdings auch etwas länger im Ofen bleiben.)

7. Inzwischen für den Spargel die Butter in einer Pfanne erhitzen und den Spargel darin bissfest braten. Mit Salz und Pfeffer würzen und die Crème fraîche unterrühren. Den Spargel mit Steaks, Zwiebelringen und Kräuterbutter auf Tellern anrichten und sofort servieren. Den Salat mit dem Dressing mischen und dazu reichen.

Süße Erdbeeren und säuerlicher Rhabarber sind das kulinarische Dreamteam des Frühlings.

Holunder-Panna-cotta

auf Erdbeersauce mit Rhabarberkompott

Zutaten für 4 Personen

Für die Panna cotta:
5 Blatt Gelatine
200 g Sahne
65 g Zucker
100 ml Holunderblütensirup
1 Vanilleschote
400 ml Buttermilch

Für das Rhabarberkompott:
8 Stangen Rhabarber
Zucker

Für die Erdbeersauce:
500 g Erdbeeren
2 EL Zucker
30 ml Orangenlikör
(z. B. Cointreau)

Außerdem:
Minzeblätter zum Garnieren
Puderzucker zum Bestäuben

1. Am Vortag für die Panna cotta in einer kleinen Schüssel die Gelatine in kaltem Wasser 10 Minuten einweichen.

2. In einem Topf die Sahne, den Zucker und den Holunderblütensirup aufkochen. Die Gelatineblätter ausdrücken und dazugeben, langsam unter Rühren in der warmen Flüssigkeit auflösen. Die Vanilleschote längs aufschneiden und das Mark herauskratzen. Das Vanillemark und die Buttermilch unter die Mischung rühren. Auf vier Gläser verteilen und zugedeckt über Nacht kühl stellen.

3. Am nächsten Tag für das Rhabarberkompott den Rhabarber putzen, schälen und in nicht zu kleine Würfel schneiden. In einen Topf geben, etwas Zucker hinzufügen und kurz ziehen lassen. Die Würfel nur kurz erhitzen, der Rhabarber soll noch gut bissfest sein. Den Topf vom Herd nehmen und die Rhabarberstückchen abkühlen lassen.

4. Für die Erdbeersauce die Erdbeeren waschen, putzen und halbieren. Mit dem Zucker und dem Orangenlikör in einer Schüssel mit dem Stabmixer pürieren.

5. Etwas Wasser in einem kleinen Topf aufkochen, die Gläser mit der Panna cotta kurz eintauchen, damit die Panna cotta sich besser vom Glas löst. Vorsichtig auf Dessertteller stürzen. Die Erdbeersauce und das Rhabarberkompott dazu anrichten. Die Holunder-Panna-cotta mit Minzeblättern garnieren und mit Puderzucker bestäuben.

Krautwickel

mit Kartoffelpyramiden und Salat

Zutaten für 4 Personen

Für die Krautwickel:
1 mittelgroßer Kopf Weißkohl
Salz
2 Semmeln vom Vortag
(oder Semmelbrösel)
1 Zwiebel
40 g Butter
einige Blätter Petersilie, Thymian
und Basilikum (gehackt)
250 g gemischtes Hackfleisch
2 Eier
Pfeffer aus der Mühle
Fett für die Form

Für die Kartoffelpyramiden:
1/2 kg mehligkochende
Kartoffeln
Salz · 40 g Butter
2 Eigelb · 1 Ei
1 EL Mehl
frisch geriebene Muskatnuss
20 g geriebener Käse

Für den Salat:
100 g Bauchspeck
2 EL Kürbiskerne
200 g Feldsalat
200 g Cocktailtomaten
2 TL Honig
1 TL Senf
2 EL Essig
1 EL Öl
Salz · Pfeffer aus der Mühle

1. Für die Krautwickel vom Kohl den Strunk herausschneiden und den Kohl in reichlich Salzwasser kochen, bis sich die äußeren Blätt ablösen. Acht große Blätter vorsichtig ganz ablösen und die Blattrippen mit einem Messer flach schneiden. Den restlichen Kohl halbweich garen. Herausnehmen, gut abtropfen lassen und mit dem Stabmixer pürieren.

2. Die Semmeln in Wasser einweichen. Die Zwiebel schälen und in feine Würfel schneiden. Die Butter in einer Pfanne erhitzen und die Zwiebel sowie die Petersilie darin andünsten. Thymian und Basilikum dazugeben. Die Semmeln ausdrücken und mit dem Hackfleisch, den Eiern, der Zwiebel-Kräuter-Mischung und dem pürierten Kohl vermengen. Die Masse mit Salz und Pfeffer würzen.

3. Den Backofen auf 160 °C vorheizen. Den Fleischteig in 8 Portionen teilen und auf die Kohlblätter streichen. Die Blattränder einschlagen und die Blätter zu Rouladen aufrollen. Eine ofenfeste Pfanne oder Form einfetten, die Krautwickel hineinlegen und im Ofen auf der mittleren Schiene offen etwa 45 Minuten garen.

4. Inzwischen für die Kartoffelpyramiden die Kartoffeln schälen, halbieren und waschen. In wenig Salzwasser (die Kartoffeln sollten nicht vollständig bedeckt sein) bei mittlerer Hitze etwa 15 Minuten garen. Abgießen und heiß durch die Kartoffelpresse drücken. Die Butter schaumig rühren und 1 Eigelb, das ganze Ei, Mehl, Salz, 1 Prise Muskatnuss und den geriebenen Käse unterrühren. Die Mischung mit den Kartoffeln vermengen und in einen Spritzbeutel mit eckiger Tülle füllen. Auf ein gefettetes Backblech kleine Pyramiden spritzen. Das übrige Eigelb verquirlen und die Pyramiden damit bestreichen. Den Backofen auf 160 °C Umluft schalten und die Kartoffeln auf der oberen Schiene etwa 10 Minuten goldgelb backen, die Krautwickel auf unterer Schiene weiterbacken.

5. Für den Salat den Speck in kleine Würfel schneiden und mit den Kürbiskernen in einer Pfanne anbraten. Herausnehmen und auf einem Küchenpapier abtropfen lassen. Den Feldsalat verlesen, waschen und trocken schleudern. Die Tomaten waschen und halbieren. Mit dem Salat in eine Schüssel geben. 100 ml Wasser mit Honig, Senf, Essig, Öl, Salz und Pfeffer verrühren und über den Feldsalat und die Tomaten geben. Auf Schüsseln verteilen und mit Speck und Kürbiskernen bestreuen.

6. Die Krautwickel aus dem Ofen nehmen und je 2 Stück auf einem Teller anrichten. Die Kartoffelpyramiden danebensetzen und den Salat dazu servieren.

Schnelle Brotsuppe
auf fränkische Art

Zutaten für 4 Personen

150 g Schwarzbrot (dunkles Mischbrot)
Salz
1 l Milch
Zucker

1. Das Brot in Stücke schneiden und in einen Topf geben. 1/2 l Wasser dazugießen und das Brot etwa 5 Minuten einweichen. 1 Prise Salz dazugeben, die Mischung kurz köcheln lassen und durch ein Sieb streichen.

2. Die Milch in einem Topf aufkochen und das passierte Brot einrühren. Die Suppe mit Salz und Zucker abschmecken. Die Brotsuppe auf tiefe Teller verteilen und servieren.

Mein Tipp:
Diese traditionelle Suppe lässt sich verfeinern, indem man nach dem Einweichen dem Brot noch die abgeriebene Schale von 1 Bio-Zitrone und 1 Zimtstange hinzufügt. Nach dem Abschmecken mit Salz und Zucker wird die Suppe noch einmal aufgekocht, dann wird 1 Eigelb untergerührt.

Zwetschgen-knödel
mit Vanillesauce

Zutaten für 4 Personen

750 g mehligkochende Kartoffeln · 100–150 g Mehl
Salz · frisch geriebene Muskatnuss · 2 Eier
8 Zwetschgen · 8 Stück Würfelzucker · 80 g Butter
150 g Semmelbrösel · 2 EL Zucker
1/2 l Vanillesauce

1. Für die Zwetschgenknödel die Kartoffeln schälen, halbieren, waschen und in einen Dämpfeinsatz geben. In dem dazu passenden Topf wenig Wasser aufkochen, den Dämpfeinsatz hineinstellen und die Kartoffeln bei mittlerer Hitze mit geschlossenem Deckel 10 bis 15 Minuten (je nach Größe) gar dämpfen. Herausnehmen, durch die Kartoffelpresse drücken und auskühlen lassen.

2. Etwa zwei Drittel des Mehls mit Salz und 1 Prise Muskatnuss mischen und zur Kartoffelmasse geben. Die Eier kurz verquirlen und ebenfalls dazugeben. Alle Zutaten rasch zu einem Teig verkneten; falls der Teig zu flüssig ist, das übrige Mehl unterkneten.

3. Die Zwetschgen waschen, seitlich aufschneiden, und entsteinen. Anstelle des Steins 1 Würfelzucker in die Mitte geben. Den Teig in faustgroße Portionen teilen und zu Kugeln formen. Ein Loch in die Mitte drücken und je 1 gefüllte Zwetschge hineingeben. Den Teig um die Zwetschge wieder zu einer Kugel formen. In einem Topf Salzwasser aufkochen, die Hitze reduzieren und die Knödel darin bei schwacher Hitze etwa 10 Minuten ziehen lassen. Mit dem Schaumlöffel herausheben und abtropfen lassen.

4. Die Butter in einer Pfanne erhitzen und die Semmelbrösel darin unter Rühren anrösten. Den Zucker unterrühren. Die abgetropften Knödel in den Bröseln wenden oder damit bestreuen. Die Knödel auf tiefe Teller verteilen und mit Vanillesauce servieren.

Oberfranken

Rund um Bamberg, Bayreuth, Kulmbach und Hof geht es um die kulinarische Würze des Lebens: süffiges Bier und herzhafte Brot- und Wurstspezialitäten von heimischen Bäckern und Metzgern. Handwerk, das schmeckt!

Ein gutes Leben für Mensch und Tier – im malerischen Oberfranken findet jeder seinen Platz zum Wohlfühlen: saftige Weiden für artgerecht gehaltene Herden, schmucke Dörfer zum Verweilen, üppige Wiesen und Felder zum Wandern und Radfahren. Eine Landschaft für jeden Geschmack.

Muntere Schar: Marie Bauer ist das älteste von sieben Kindern. So wie sie helfen auch ihr Bruder Heinrich und die anderen Geschwister auf dem Hof der Eltern ganz selbstverständlich mit. Zum Beispiel wenn die Kälbchen ihre Milch bekommen – oder netter Besuch ein kühles fränkisches Bier.

Marie Bauer

Rosige Aussichten: Die Tradition mit der Zukunft zu verbinden – das schafft die junge Bäuerin Marie mit viel Optimismus und Herz.

Wenn Marie Bauer von ihrer Familie erzählt, kann es passieren, dass man als Zuhörer genau mitzählt: Annerose, Luise, Charlotte, Otto, Ludwig, Heinrich, das macht: eins, zwei, drei, vier, fünf, sechs Kinder. Und dazu noch Marie. Sieben auf einen Streich. Wow! Marie ist die große Schwester einer ganzen Schar von Geschwistern, und mit Mama Christine und Papa Harald wird daraus eine richtige Großfamilie – etwas, das selten geworden ist. So selten, dass manche denken: das gibt's doch heute gar nicht mehr. Früher mal, da war das Tradition. Aber heute?

Nicht um alles in der Welt, sagt Marie, möchte sie das Aufwachsen in der Großfamilie missen. Die Familie Bauer lebt auf einem schönen, weitläufigen Hof in Zedtwitz, nördlich von Hof. Als große Schwester, erzählt Marie, habe sie schon früh gelernt, Verantwortung zu übernehmen: Die Mutter unterstützen, im Haushalt, beim Kochen, beim Kümmern um die Kleinen, hier ein wenig trösten, da auch mal ein bisserl konsequent sein, einfach: für die Geschwister da sein. Ein Wir-Gefühl entwickeln. Und wenn sie heute von diesem Gemeinschaftsgefühl erzählt, strahlt sie übers ganze Gesicht. Sie lacht überhaupt sehr gerne – ein warmes, tiefes, kehliges Lachen.

Bäuerin möchte Marie werden; es gibt schon konkrete Pläne. Ihr Freund hat einen Hof in der Nähe, mit Milchviehwirtschaft und Biogasanlage, wie Maries Eltern auch. Aber Bäuerin – ist das für viele junge Frauen heute nicht ein veralteter Beruf? Viel Arbeit, wenig Freizeit, kaum Urlaub ... Andererseits: Bäuerin im digitalen Zeitalter – das hat nichts mehr mit Rumplhanni und vermieften Ställen und heuschoberhoch verkrusteten Traditionsschichten zu tun. Maries Eltern betrieben den Hof zunächst als reine Milchwirtschaft, wie es im Hofer Land Tradition hat. Aber dann entschieden sie sich für ein zukunftsweisendes, zweites Standbein: die Biogasanlage. Mit der Gülle der Milchkühe erzeugen sie Strom und Abwärme. Und sind jetzt „Energiewirte". Und Marie? Hat die landwirtschaftliche Hauswirtschaftslehre gemacht. Dann draufgesattelt mit dem Abschluss in „Ernährungs- und Versorgungsmanagement". Die angehende junge Bäuerin ist eine studierte Betriebswirtin.

Auf dem Hof der Familie Bauer ist immer etwas los – die Bauers haben sieben Kinder!

Das Traditionelle mit frischen Ideen aufpeppen – das gelingt ihr auch beim Kochen ganz selbstverständlich. Wenn sie das Mittagessen für die Familie zubereitet, kommen leicht mal über zehn Leute zusammen. Geschickt hantiert Marie mit großen Schüsseln und Töpfen; sie beherrscht die überlieferten Küchentechniken aus dem Effeff – Einwecken, eine traditionelle Kraftbrühe aus Knochen ziehen oder eine Eigelbmasse über dem Wasserbad zur Rose abziehen. Wenn sie Hofer Schnitz kocht, die Traditionsspeise aus dem Hofer Land, gibt's als dekorative Einlage Kügelchen aus blauen Kartoffeln und essbare Blüten obendrauf. Und wenn sie zum Menü lädt, plant sie zum Dessert nicht etwa irgendein Schmalzgebackenes, sondern Rosenküchle mit Rosenparfait. „Rosige Zeiten" heißt denn auch ihr Motto fürs Landfrauen-Dinner. Und in der Tat: Wenn Marie am Abend fertig mit der Arbeit ist, zieht sie sich Pumps an. Geht zum Tanzen mit der Landjugend. Einfach, „weil's schee ist", wie sie sagt. Und weil sie Freizeit hat!

Die Zwiebeln kommen mit Schale in die Brühe – so bekommt die Suppe ihre intensive Farbe.

Mein Tipp

Hofer Schnitz ist ein traditioneller fränkischer Eintopf, in den das Gemüse kommt, das gerade Saison hat und verfügbar ist. Natürlich lässt er sich auch vegetarisch zubereiten. Die Bezeichnung Schnitz verdankt der Eintopf den klein geschnittenen Zutaten.

Hofer Schnitz

Gemüsesuppe mit Tafelspitz

Zutaten für 4 Personen

Für die Brühe:
1 Knollensellerie
1 Stange Lauch
2 Karotten
2 Zwiebeln
2 Knoblauchzehen
500 g Rinderknochen
Salz · Pfeffer aus der Mühle
5 Wacholderbeeren
2 Lorbeerblätter
450 g Tafelspitz (Suppenfleisch)
evtl. körnige Gemüsebrühe zum Abschmecken

Für die Suppeneinlage:
1 Kohlrabi
1/2 Knollensellerie
2 Karotten
150 g festkochende Kartoffeln (z. B. blaue Kartoffeln)
1/2 Stange Lauch
1/2 Blumenkohl
Salz
Petersilie, Kerbel und Ringelblumenblüten zum Garnieren (nach Belieben)

1. Für die Brühe die Gemüse putzen, waschen bzw. schälen und grob zerkleinern (die Zwiebeln nicht schälen). Alle Gemüse mit den Rinderknochen und 3 l kaltem Wasser aufsetzen. 1 EL Salz, Pfeffer und die Gewürze hinzufügen und das Wasser aufkochen. Den Tafelspitz hineinlegen und mit geschlossenem Deckel etwa 1 1/2 Stunden köcheln lassen.

2. Den Tafelspitz herausnehmen und mit einer Schüssel zudecken. Die Brühe etwa 1 Stunde weiterköcheln lassen, damit die Flüssigkeit noch etwas einkocht. (Die Brühe lässt sich gut am Vortag zubereiten.)

3. Für die Suppeneinlage Kohlrabi, Sellerie, Karotten und Kartoffeln schälen und mit einem Kugelausstecher (ca. 15 mm Durchmesser) kleine Kugeln ausstechen. Den Lauch putzen, waschen und in Rauten schneiden, den Blumenkohl waschen und in kleine Röschen teilen. Die Gemüse nacheinander in einem Topf mit Salzwasser garen, mit dem Schaumlöffel herausheben und in einer Schüssel mit kaltem Wasser abschrecken. Wieder mit dem Schaumlöffel herausnehmen und beiseitestellen.

4. Den Tafelspitz wieder in die Brühe legen und die Brühe zum Kochen bringen. Den Tafelspitz wieder herausnehmen und die Brühe durch ein Sieb gießen. Mit Salz, Pfeffer und evtl. Gemüsebrühe abschmecken. Den Tafelspitz in kleine Würfel schneiden, mit den Gemüseeinlagen kurz in die Brühe geben und erwärmen.

5. Die Suppeneinlagen und den Tafelspitz mit dem Schaumlöffel auf die Teller verteilen und die Brühe dazugeben. Nach Belieben mit Kräutern und Ringelblumenblüten verzieren. Gut zur Suppe passen auch Liebstöckel und grüne Bohnen.

Diese Kohlrabiblüte ist
oberfränkische Schnitzkunst –
aber auch für Nichtfranken
leicht nachzumachen!

Kalbsmedaillons

mit Pfifferlingen, Tomaten-Brot-Salat, Kohlrabi und Rosenbutter

Zutaten für 4 Personen

Für die Kalbsmedaillons:
50 g Sesamsamen
einige Rosa Pfefferbeeren
4 Kalbsmedaillons (à 160 g)
80–100 ml Rapsöl
Salz · Kubebenpfeffer
Dijon-Senf mit Estragon

Für die Pfifferlinge:
400 g Pfifferlinge
1 Schalotte
2 EL Rapsöl
Salz · Pfeffer aus der Mühle
60–80 g Sahne

Für die Rosenbutter:
1 Knoblauchzehe
20 Heckenrosen-Blütenblätter
250 g Butter (zimmerwarm)
1 TL Gewürzsalz

Für die Kohlrabiblüten:
2 Kohlrabi

Für den Salat:
750 g Eiertomaten
Blättchen von 3–4 Zweigen Thymian
1 EL Zucker · 1 TL Salz
1 Knoblauchzehe
1/4 l Rapsöl
500 g Baguette
150 g Rucola

Für die Vinaigrette:
30 ml Essig · 90 ml Öl
1 TL Salz · 2 TL Zucker
Holunderblütensirup

1. Für die Kalbsmedaillons den Sesam in einer Pfanne ohne Fett anrösten und herausnehmen. Die Pfefferbeeren grob hacken und untermischen. Die Kalbsmedaillons im Öl bei starker Hitze rundum etwa 4 Minuten anbraten und herausnehmen (nicht zu lange anbraten, es soll innen rosa sein). Mit Salz und Kubebenpfeffer würzen und mit dem Senf bestreichen, die Ränder mit der Sesam-Pfeffer-Mischung panieren.

2. Für die Pfifferlinge die Pilze putzen und trocken abreiben. Die Schalotte schälen und in feine Würfel schneiden. Die Schalotte im Öl andünsten. Die Pfifferlinge hinzufügen, ebenfalls andünsten und mit Salz und Pfeffer würzen. Die Sahne dazugeben und weiterköcheln lassen, bis die Flüssigkeit etwas eingekocht ist und die Pfifferlinge bissfest sind.

3. Für die Rosenbutter den Knoblauch schälen und in feine Würfel schneiden, die Blütenblätter in feine Streifen schneiden. Mit der Butter und dem Gewürzsalz in einer Schüssel mit einer Gabel gleichmäßig vermischen. Die Masse in einen Spritzbeutel mit Sterntülle geben und einen Teller mit Frischhaltefolie auslegen. 2 1/2 bis 3 cm große Buttertupfen auf die Folie spritzen und etwa 1 Stunde zugedeckt kühl stellen.

4. Für die Kohlrabiblüten die Kohlrabis schälen und in gleichmäßige, dünne Scheiben schneiden (am besten mit einer Aufschnittmaschine). In die Mitte einer Scheibe ein X schneiden. Die anderen Scheiben zusammenrollen und wie Blütenblätter ineinanderstecken, bis eine schöne Blüte entsteht. Damit sie zusammenhält, das Ganze in die Scheibe mit dem X stecken. Falls nötig, die Blüte mit einem Zahnstocher befestigen.

5. Für den Salat die Tomaten waschen und achteln, die Stielansätze und die Kerne entfernen. Thymian fein hacken. Tomaten, Thymian, Zucker und Salz mischen, auf ein mit Backpapier belegtes Backblech geben und im Backofen bei 160 °C Umluft 30 bis 40 Minuten backen. Die Tomaten sollten etwas angetrocknet, aber noch saftig sein. Knoblauch schälen und mit dem Öl pürieren. Baguette in Scheiben schneiden und mit dem Knoblauchöl bestreichen. Im Ofen bei 180 °C Umluft 10 bis 15 Minuten knusprig rösten. Anschließend in mundgerechte Stücke brechen. Rucola verlesen, waschen und trocken schütteln, grobe Stiele entfernen.

6. Für die Vinaigrette Essig, Öl, Salz, Zucker und Holunderblütensirup gut mischen und abschmecken. Tomaten, Baguette und Rucola auf Gläser verteilen und mit der Vinaigrette beträufeln. Kalbsmedaillons, Pfifferlinge, Kohlrabiblüten und Rosenbutter auf Tellern anrichten und den Salat dazu servieren.

Dieses blumige Parfait verspricht rosige Zeiten für Eisfans!
Rosenküchle haben eine über 200-jährige Tradition.

Dessertteller „Annerose“

Rosenküchle trifft Rosenparfait

Zutaten für 4 Personen

Für die Rosenküchle:
4 Eier
300 g Mehl
1/4 l Milch
1 EL Zucker
1 EL Vanillezucker
1 TL Salz
abgeriebene Schale und Saft von 1 Bio-Zitrone
2 cl Rum
500–750 g Butterschmalz zum Ausbacken

Für das Rosenparfait:
400 g Sahne
4 Eigelb
80–100 g Puderzucker
Mark von 1 Vanilleschote
1 cl Rum
4 cl Rosenblütensirup
3 Tropfen natürliche rote Lebensmittelfarbe

1. Für die Rosenküchle die Eier, das Mehl, die Milch, den Zucker, den Vanillezucker, das Salz, die Zitronenschale und den -saft sowie den Rum in einer breiten Schüssel mit dem Schneebesen gut verrühren.

2. Ein Rosenküchle-Eisen in einer Pfanne im Butterschmalz 5 bis 10 Minuten erhitzen. Das erhitzte Eisen bis knapp unter den Rand in den Teig tauchen und nach etwa 10 Sekunden wieder herausnehmen. Das mit Teig benetzte Eisen in das Butterschmalz tauchen und den Teig etwa 45 Sekunden knusprig ausbacken.

3. Für das Rosenparfait die Sahne mit den Quirlen des Handrührgeräts steif schlagen. Die Eigelbe mit dem Puderzucker in einer Schüssel über dem heißen Wasserbad mindestens 5 Minuten verrühren. Die Schüssel ins kalte Wasserbad stellen und weiterrühren. Das Vanillemark, den Rum, den Rosenblütensirup und die rote Farbe unterrühren. Sobald die Masse etwas abgekühlt ist, die geschlagene Sahne unterheben. Das Ganze auf kleine Förmchen (etwa 5 cm Durchmesser) verteilen und in das Tiefkühlfach stellen. Mindestens 6 Stunden (am besten über Nacht) durchfrieren lassen.

4. Die Rosenküchle auf Teller geben, 4 Parfaits vorsichtig stürzen und daneben anrichten. Nach Belieben mit Puderzucker bestreuen und mit Schlagsahne servieren. Die restlichen Parfaits halten sich im Tiefkühlfach und können ein andermal genascht werden.

Bandnudeln

mit Lachs und Kräutersauce

Zutaten für 4 Personen

300 g tiefgekühltes Lachsfilet
375 g Bandnudeln
Salz
300–400 g Brokkoli
etwas Zitronensaft
Öl zum Braten
1 Handvoll Kräuter (z. B. Basilikum, Thymian, Rosmarin)
100 g Sahne
Pfeffer aus der Mühle

1. Den Lachs auftauen lassen. Die Bandnudeln in Salzwasser nach Packungsanweisung bissfest kochen. Inzwischen den Brokkoli putzen, waschen und in Röschen teilen. Ebenfalls in Salzwasser 7 bis 8 Minuten garen.

2. Das Lachsfilet waschen, trocken tupfen und mit Zitronensaft beträufeln. 5 Minuten ziehen lassen und anschließend mit Salz würzen. Das Öl in einer Pfanne erhitzen und das Lachsfilet darin bei mittlerer Hitze auf jeder Seite etwa 4 Minuten braten.

3. Die Kräuter waschen und trocken schütteln, die Blätter bzw. Nadeln abzupfen und fein hacken. Die Sahne mit Salz und Pfeffer würzen und die Kräuter bis auf eine kleine Portion zum Garnieren untermischen. Das Lachsfilet in mundgerechte Würfel schneiden.

4. Die Nudeln in ein Sieb abgießen und wieder in den Topf geben. Die Lachswürfel, den Brokkoli und die Sahnesauce vorsichtig unterheben. Die Bandnudeln als Nester auf vier Tellern anrichten und mit den restlichen Kräutern garniert servieren.

Bärlauchcreme-süppchen

nach Art des Hauses

Zutaten für 4 Personen

1 Bund Bärlauch (ca. 100 g)
150 g Sahne
Zucker
Meersalz
1–2 Schalotten
30 g Butter
1–2 EL Mehl
1/2 l Gemüsebrühe
1/2 l Milch
Pfeffer aus der Mühle
frisch geriebene Muskatnuss

1. Den Bärlauch verlesen, waschen und trocken tupfen. Die harten Stiele abschneiden, einige Blätter zum Garnieren beiseitelegen. Die übrigen Blätter mit 75 g Sahne, 1 Prise Zucker und 1/2 TL Meersalz mit dem Stabmixer pürieren. Beiseitestellen.

2. Die Schalotten schälen und in feine Würfel schneiden. Die Butter in einem Topf erhitzen und die Schalotten darin glasig dünsten. Das Mehl unterrühren und kurz anschwitzen. Die Brühe nach und nach unter ständigem Rühren dazugießen, sodass keine Klümpchen entstehen. Die Brühe einmal aufkochen lassen. Die Milch unterrühren und die Suppe mit Salz, Pfeffer und 1 Prise Muskatnuss abschmecken.

3. Die Bärlauchsahne einrühren. Die übrige Sahne steif schlagen und unter die Suppe ziehen. Die Suppe auf vier tiefe Teller verteilen und mit den beiseitegelegten Bärlauchblättern garniert servieren.

Limetten-Panna-cotta

auf Erdbeerspiegel

Zutaten für 4 Personen

Für die Panna cotta:
3 Blatt weiße Gelatine
1 Bio-Limette
250 g Sahne
1 EL Vanillezucker
50 g Zucker

Für den Erdbeerspiegel:
200 g Erdbeeren
1 Päckchen Vanillezucker

1. Für die Panna cotta die Gelatine in kaltem Wasser einweichen. Die Limette heiß waschen, trocken reiben und etwas Schale abreiben. Den Saft auspressen.

2. Die Sahne mit dem Vanillezucker und dem Zucker aufkochen. Den Limettensaft (bis auf 1 EL) und die Limettenschale dazugeben. Den Topf vom Herd nehmen, die Gelatine abtropfen lassen und unter Rühren in der Sahne auflösen.

3. Vier Portionsförmchen (etwa 6 cm Durchmesser) mit kaltem Wasser ausspülen. Die Masse einfüllen und die Panna cotta zugedeckt mindestens 4 Stunden kühl stellen.

4. Für den Erdbeerspiegel die Erbeeren waschen, putzen und mit dem Vanillezucker und 1 EL Limettensaft pürieren. Das Erdbeerpüree als Spiegel auf vier Dessertteller verteilen. Die Panna cotta mit einem Messer vom Förmchenrand lösen und vorsichtig stürzen, auf den Erdbeerspiegel setzen.

Mein Tipp:
Sollte sich die Panna cotta nur schwer aus den Förmchen lösen, kann man diese kurz in heißes Wasser tauchen.

Sie heißen „Queenie“ oder „Sundance Girl“ und sind Kälber der Longhorn-Herde von Anne und Alexander. Einst lebten Longhorns in riesigen Herden in der Prärie. Anne und Alexander haben mit viel Leidenschaft in Oberfranken die größte Texas-Longhorn-Herde Europas aufgebaut.

Anne Leichtenstern

Sie war im öffentlichen Dienst tätig. Wurde Bäuerin aus Leidenschaft – und eine erfolgreiche Biorinderzüchterin.

Keine Frage: Diese Frau hat das Brennen in sich. Leidenschaft für eine große Idee. Und genügend Tatkraft, um das, was anfangs lediglich ein Traum war, mit Leben zu erfüllen. Dieses Leben steht heute auf vier kraftvollen Beinen, hat Hörner, ein geflecktes, gesprenkeltes Fell in warmen Erdtönen von Kakaofarben bis Grafit – und lebt zu gut hundert an der Zahl auf der oberfränkischen Weide von Anne und ihrem Mann Alexander: die Bullen, Mutterkühe und Kälber der größten Texas-Longhorn-Herde Europas. Wenn Anne davon erzählt, wie sie und Alexander es hingekriegt haben, einen Teil der Herde erst nach Europa zu bringen und dann allmählich auf die heutige Größe zu erweitern, sprudelt es nur so aus ihr heraus. Dann fallen Sätze wie: „Wir haben es einfach immer weiter versucht", „wir wollten nicht aufgeben", „wir wollten dieses Feeling unbedingt hier leben." Und man hört Annes Stimme die Freude und durchaus auch den Stolz an, dass sie es tatsächlich geschafft haben. Man kann sagen: Das Feeling ist da.

Als Anne ihren Alexander traf, vor 14 Jahren, teilten beide die Begeisterung für den Wilden Westen, für den Mythos der Cowboys, die auf ihren Quarterhorse-Pferden riesige Longhorn-Herden quer durch die Prärie von Texas trieben. Alexander ist gelernter Bäcker. Doch er wusste immer schon, dass er eines Tages in die Landwirtschaft möchte. „Damals hätte ich nie gedacht, dass ich mal so eine Leidenschaft dafür empfinden würde, Rinder zu züchten und zu vermarkten", erzählt Anne. Sie und Alexander teilten noch mehr: eine ganz bestimmte Lebenseinstellung. Gutes Essen, Produkte von ehrlicher Qualität und eine Philosophie der Nachhaltigkeit sind für beide sehr wichtig: „Von Anfang an verband uns die Liebe zu Tieren und zu guter Lebensqualität", sagt Anne. Und der Wille, daraus etwas Konkretes zu machen.

> *»Wenn man für eine Sache richtig brennt, schafft man es auch, sie zu verwirklichen!«*

Mutterkuhhaltung sollte es sein. Auf der Weide und im Offenstall. 2011 holten sie die ersten Texas-Longhorn-Rinder mit dem Flugzeug aus Kanada nach Oberfranken. Der Hof ist heute biozertifiziert; Köche wie Alexander Herrmann sind auf die Besonderheiten des Fleisches aufmerksam geworden. Anne geht in ihrer Rolle als Züchterin und Direktvermarkterin voll auf: Mit das Schönste an ihrem Beruf sei, so sagt sie, dass sie so viele Gleichgesinnte treffe. Metzger, Köche, Züchter, private Kunden. Fleischgenießer, die nicht nur am Geschmack Gefallen finden, sondern auch daran, wie er zustande kommt.

Um dahin zu gelangen, wo sie heute sind, hat Anne etwas Einfaches gemacht: Augen und Ohren offen gehalten. „Ich habe einfach mit den Leuten geredet." Fortbildungen gemacht, mit Metzgern gesprochen, gelernt, wie man Rindfleisch auf amerikanische Art zerlegt, sich mit Gastronomen und Experten ausgetauscht. „Zuhören, fragen und mir Schritt für Schritt die Erfahrung aneignen – so bin ich in die Sache reingewachsen", erzählt sie. Dass es bio sein sollte, stand für die beiden gleich fest. Sie halten heute auf dem Hof auch Schweine; die leben auf der Weide; sie haben Bienen, weil Bienen bedroht sind und sie etwas dagegen tun wollten. Aber bei all dem vergessen sie nicht, warum sie das tun: „Wir möchten das Leben genießen", sagt Anne. Die Longhorn-Rinder dürfen es auch.

Mein Tipp

Shirodashi ist ein japanischer Sud aus Fisch, Algen, Pilzen und Sojasauce. Man bekommt ihn im Asialaden. Da Shirodashi sehr würzig ist, schmecke ich teelöffelweise vorsichtig damit ab. Ersatzweise können Sie für den Pilzsud auch Fischsauce oder Salz verwenden.

Warmes Rindercarpaccio

im Pilzsud

Zutaten für 6 Personen

Für den Pilzsud:
1/4 Sellerieknolle
4 Knoblauchzehen
180 g getrocknete Pilze (z. B. 150 g Shiitake- und 30 g Steinpilze)
3 getrocknete Kombu-Algen
2 EL Honig
60 ml Sojasauce
1 TL Thymianblättchen
1 TL Petersilienblätter
200 g frische Pilze (z. B. Kräuterseitlinge, Shiitake, Steinpilze)
1–2 frische Douglasien- oder Tannenzweige (ca. 15 cm lang)
Shirodashi zum Abschmecken (siehe Tipp)

Für das Carpaccio:
250 g gut abgehangenes Rinderfilet (leicht angefroren)
Öl

Außerdem:
1 Birne zum Garnieren

1. Den Pilzsud 1 oder 2 Tage im Voraus zubereiten: Dafür den Sellerie gut putzen, waschen und ungeschält in grobe Stücke schneiden. Den Knoblauch schälen und in grobe Würfel schneiden. 3 Liter Wasser in einen Topf geben, Sellerie, Knoblauch, die getrockneten Pilze, die Algen, den Honig, die Sojasauce und die Kräuter hinzufügen. Alles aufkochen und mit geschlossenem Deckel etwa 3 Stunden köcheln lassen. Ggf. Wasser dazugeben (die getrockneten Pilze ziehen viel Wasser). Den Sud kühl stellen und 12 bis 24 Stunden ziehen lassen.

2. Am Zubereitungstag den Sud durch ein Sieb in einen Topf gießen und auf etwa 1,2 l einkochen (falls nötig, etwas Wasser dazugeben). Den Sud erhitzen. Die frischen Pilze putzen, trocken abreiben und bis auf 4 Stück in Scheiben schneiden. Die ganzen Pilze zum Garnieren beiseitelegen. Die Douglasien- oder Tannenzweige waschen. Mit den Pilzscheiben in den Sud geben und 30 Minuten köcheln lassen. Den Sud wieder durch ein Sieb gießen und mit Shirodashi abschmecken.

3. Für das Carpaccio das leicht angefrorene Filet mit einem großen, scharfen Messer in dünne Scheiben schneiden. Die Scheiben zwischen zwei aufgeschnittene und eingeölte Gefrierbeutel legen und mit der Hand oder mit einem Topf ganz flach drücken. Die beiseitegelegten Pilze in dünne Scheiben schneiden. Die Birne waschen, vierteln, entkernen und die Viertel ebenfalls in dünne Scheiben schneiden.

4. Jeweils mehrere Scheiben Carpaccio überlappend in sechs tiefen Tellern anrichten. Ruhen lassen, bis das Fleisch Zimmertemperatur hat, dann zum Garnieren je einige Pilz- und Birnenscheiben auf das Carpaccio legen. Nach Belieben mit Schnittlauchröllchen bestreuen. Die Teller mit dem Carpaccio auf den Tisch stellen und den heißen Pilzsud extra in einem Gefäß dazustellen. Den Pilzsud heiß über das Carpaccio gießen, so wird das Fleisch ganz leicht gegart.

Mein Tipp

Diese Hauptspeise kann man „fast“ oder „slow“ zubereiten, bei der schnellen Variante kauft man Brötchen (Buns) und Sauce und macht nur noch Burger-Pattys und Beilagen selbst. Es gibt auch fertige Pattys zu kaufen, aber selbst gemacht sind sie am besten!

American Burger

mit Krautsalat und Country Potatoes

Zutaten für 5 Personen

Für die Buns:
100 ml lauwarme Milch
20 g Zucker
1/2 Würfel Hefe (21 g)
250 g Mehl · Salz
40 g zerlassene Butter · 1 Ei
1 EL Milch und 1 Ei zum Bestreichen
helle Sesamsamen zum Bestreuen

Für die Sauce (ergibt 1 l):
850 g Bacon (in Würfeln)
2 Zwiebeln · 250 g Schalotten
4 Knoblauchzehen
2 EL Sriracha-Chilisauce (aus dem Asialaden)
1/2 TL bunter Pfeffer aus der Mühle
1 TL geräuchertes Paprikapulver
120 ml Whisky
120 ml Ahornsirup (oder Honig)
60 ml Aceto balsamico
120 g brauner Zucker

Für den Krautsalat:
1/2 Kopf Weißkohl · Salz
150 g Cashewkerne
Weißweinessig

Für die Burger-Pattys:
625 g Rinderhackfleisch (ca. 20 % Fett)
Salz · Pfeffer aus der Mühle

Außerdem:
5 Salatblätter
Tomatenscheiben
Essiggurkenscheiben
Zwiebelringe

1. Für die Buns die Milch mit dem Zucker verrühren. Die Hefe zerbröckeln und in der Milch auflösen, einige Minuten ruhen lassen. Das Mehl, 1 TL Salz, die Butter und das Ei unterrühren. Mit der Knethaken des Handrührgeräts zu einem weichen, homogenen Teig kneten. Zugedeckt an einem warmen Ort gehen lassen, bis sich sein Volumen verdoppelt hat.

2. Den Teig durchkneten und in 5 Portionen teilen. Jede Portion zu einer Kugel formen und etwas ruhen lassen. Dann mit der Hand oder dem Nudelholz auf die Größe eines Burger-Pattys flach drücken. Auf ein mit Backpapier belegtes Backblech legen und 30 bis 60 Minuten gehen lassen. Den Backofen auf 180 °C vorheizen. Die Milch mit 1 EL Wasser und dem Ei verquirlen, die Teiglinge damit bestreichen und mit Sesam bestreuen. Die Buns im Ofen auf der mittleren Schiene 15 bis 18 Minuten goldgelb backen. Herausnehmen und zum Auskühlen mit einem Küchentuch bedecken, damit sie weich bleiben.

3. Für die Sauce den Bacon in einer Pfanne erhitzen und unter Rühren auslassen. Das Fett abgießen. Zwiebeln und Schalotten schälen und in feine Würfel schneiden. Zum Bacon geben und goldgelb braten. Den Knoblauch schälen, in feine Würfel schneiden und dazugeben. Chilisauce, Pfeffer und Paprikapulver gut unterrühren und 1 bis 2 Minuten mitköcheln. Den Whisky und den Ahornsirup dazugeben, aufkochen und etwa 3 Minuten kochen lassen. Balsamico und Zucker hinzufügen und alles einige Minuten kochen lassen. Nach Belieben mit dem Stabmixer pürieren oder stückig lassen. Bis zur Verwendung kühl stellen.

4. Für den Krautsalat den Kohl waschen, ohne den Strunk fein hobeln und mit 1 TL Salz weich kneten. Die Cashewkerne hacken und in einer Pfanne ohne Fett goldgelb rösten. Warm unter das Kraut mischen. Den Krautsalat mit Weißweinessig und Salz abschmecken.

5. Für die Burger-Pattys das Hackfleisch mit etwas Salz und Pfeffer würzen und in 5 Portionen teilen. Jede Portion zu einer Kugel formen und auf etwa 1 1/2 cm Höhe flach drücken, ohne dass Risse entstehen.

6. Die Buns aufschneiden und die Schnittflächen auf dem Grill oder im Backofen anrösten. Die Sauce großzügig auf Ober- und Unterseite verteilen, 1 Salatblatt dazulegen, nach Belieben Tomaten- und Essiggurkenscheiben oder Zwiebelringe auflegen. Die Pattys grillen oder in etwas Öl in einer Pfanne braten und auf die Burger legen. Zuklappen und mit Krautsalat und Country Potatoes (siehe S. 70) servieren.

Zurück aus der Zukunft – diese ungewöhnlichen Pralinen sind kleine Kunstwerke.

Cremiges Orangeneis

im Schokoladenmantel mit Birnenbrand-Krustenpralinen

Zutaten für 4 Personen

Für die Pralinen (ca. 50 Stück):
1 kg Weizenstärke (aus dem Online-Shop)
500 g Maisstärke
90 g Zucker
18 ml Birnenbrand (oder ein anderer Brand oder Geist)

Für das Eis:
1/4 l Orangensaft
90 g Zucker
60 g Eigelb (ca. 3 Stück)
115 g Crème fraîche
135 g griechischer Joghurt
abgeriebene Schale von 1 Bio-Orange
Eisstiele
150 g Zartbitterschokolade
75 g Kakaobutter
Kakaobruch zum Garnieren (ersatzweise dunkler Schokoladenbruch)

Für die Himbeersauce:
150 g Himbeeren
1 1/2 EL Puderzucker
1 Spritzer Zitronensaft

1. Zwei Tage im Voraus für die Pralinen beide Stärkesorten mischen und über Nacht auf einem Blech im Ofen bei 50 °C gut trocknen lassen.

2. Am nächsten Tag die Stärke bis auf 300 g in eine mindestens 4 cm hohe Form sieben und glatt streichen. Mit einem 1 bis 2 cm dicken, halbrunden Gegenstand 50 Vertiefungen in die Stärke drücken (z. B. Kochlöffelstiel). Den Zucker in einem Topf mit 25 ml Wasser aufkochen und auf 110 °C erhitzen, dabei den Zucker ohne Rühren kochen lassen. Den Birnenbrand in eine Tasse geben, die Zuckerlösung dazugeben. Die Mischung wieder zurückgießen und etwa 10 Minuten ruhen lassen. Dann mithilfe einer feinen Schöpfkelle in die Vertiefungen füllen. Mit den restlichen 300 g Stärke übersieben und 12 Stunden (am besten über Nacht) bei 22 °C stehen lassen.

3. Am selben Tag für das Eis den Orangensaft in einem Topf aufkochen und auf 150 ml einkochen. 40 g Zucker einrühren. Den übrigen Zucker mit den Eigelben schaumig rühren und die Hälfte des Orangensafts unterrühren. Diese Mischung in den übrigen Orangensaft einrühren und unter ständigem Rühren vorsichtig auf 82 bis 84 °C erhitzen. Die Masse soll so sämig sein, dass sie auf einem eingetauchten Löffelrücken schwer auseinanderläuft. Die Mischung durch ein Sieb gießen, in einer Schüssel auf Eiswasser setzen und unter Rühren schnell abkühlen. Die Crème fraîche, den Joghurt und die Orangenschale unterrühren. Die Mischung zugedeckt über Nacht kühl stellen.

4. Am nächsten Tag die Eismischung in vier Eisförmchen füllen. Je einen Stiel hineinlegen und die Lollies je nach Dicke 2 bis 6 Stunden im Tiefkühlfach gefrieren lassen.

5. Die Zartbitterschokolade und die Kakaobutter über dem heißen Wasserbad schmelzen, zuerst auf 45 °C erhitzen, dann auf 38 °C herunterkühlen. Die fertigen Eislollies damit überziehen. Den Kakaobruch fein zerdrücken und auf die noch weiche Kuvertüre streuen. Die Lollies nochmals 30 Minuten in das Tiefkühlfach stellen.

6. Für die Himbeersauce die Himbeeren verlesen, waschen und trocken tupfen. Ein Drittel mit dem Stabmixer pürieren, mit dem Puderzucker und dem Zitronensaft mischen und als Spiegel auf vier Dessertteller gießen. Die übrigen Himbeeren darauf anrichten.

7. Die Pralinen aus der Stärke nehmen und mit einem Pinsel säubern. Die Eislollies auf die Himbeerspiegel legen mit je 2 Pralinen anrichten.

Rindfleischpfeffertopf

aus dem Ofen

Zutaten für 4–6 Personen

Für den Pfeffertopf:
2–2 1/2 kg Rinder-Beinscheiben oder 1 1/2 kg Schmorfleisch
10 Knoblauchzehen
2–4 Zweige Rosmarin
2 Lorbeerblätter
Salz
2–3 EL Pfeffer aus der Mühle
1 Flasche Rotwein

Für die Country Potatoes:
5–6 längliche Kartoffeln
4 TL Olivenöl
1/2 Tasse geriebener Parmesan
Salz · 2 TL Knoblauchpulver
2 TL getrocknete gemischte Kräuter (z.B. italienische)
etwas Chilipulver (nach Belieben)

1. Für den Pfeffertopf das Fleisch waschen, trocken tupfen und in großen Stücken vom Knochen schneiden. Den Knoblauch schälen. Den Rosmarin waschen und trocken schütteln. Die Hälfte des Fleisches in einen mittelgroßen ofenfesten Topf geben und die Hälfte der Knoblauchzehen darauflegen. 1 bis 2 Rosmarinzweige und 1 Lorbeerblatt darauf verteilen, das Ganze mit Salz würzen und mit der Hälfte des Pfeffers bestreuen. Das übrige Fleisch daraufgeben, mit dem restlichen Knoblauch, den übrigen Rosmarinzweigen und dem restlichen Lorbeerblatt belegen. Mit Salz würzen und mit dem übrigen Pfeffer bestreuen. Den Wein angießen. Das Fleisch sollte mit Wein bedeckt sein, falls nicht, noch etwas Wasser dazugießen.

2. Den Backofen auf 130 °C vorheizen. Den Topf auf den Herd stellen und alles aufkochen. Den Topf mit einer doppelten Schicht Alufolie bedecken, sodass er dicht verschlossen ist (so bleibt das Fleisch saftig). Den Deckel auflegen. Den Topf in den Ofen stellen und das Fleisch etwa 6 Stunden weich garen. Den Topf aus dem Ofen nehmen und die Kräuter entfernen. Den Eintopf mit Salz und Pfeffer abschmecken und warm halten.

3. Für die Country Potatoes den Backofen auf 185 °C vorheizen. Die Kartoffeln mit der Schale gründlich waschen und der Länge nach sechsteln. In einer Schüssel mit dem Olivenöl mischen. Den Parmesan unterrühren. 1 1/2 TL Salz, das Knoblauchpulver, die Kräuter und nach Belieben das Chilipulver vermischen und zu den Kartoffeln geben. Gut damit vermischen. Die Kartoffelspalten mit der Schale nach unten nebeneinander auf ein mit Backpapier belegtes Blech legen und im Ofen auf der mittleren Schiene 25 bis 35 Minuten backen.

4. Den Rindfleischpfeffertopf auf Teller verteilen und mit den Country Potatoes oder einer anderen Beilage (z.B. Salzkartoffeln, Nudeln, Salat oder klein gezupftes Weißbrot) servieren.

Mein Tipp:
Das ist ein tolles Rezept, wenn Gäste kommen, man aber keine Zeit hat, lange in der Küche zu stehen. Wenn Sie nur einen großen ofenfesten Topf haben, verdoppeln Sie einfach die Menge. Das Fleisch schmeckt auch wunderbar kalt auf Brot.

Lauch-Pfannkuchen
mit Topinambursalat

Zutaten für 4 Personen

Für die Pfannkuchen:
150 g Mehl · 200 ml Milch · 3 Eier · Salz · Pfeffer aus der Mühle · 1 Stange Lauch · Öl zum Dünsten

Für den Salat:
3 EL Öl · 4 EL Weißweinessig · 1 TL Senf · Salz
Pfeffer aus der Mühle · Cayennepfeffer
250 g Topinambur · 1 Apfel · 150 g Cocktailtomaten

Außerdem:
einige Radicchioblätter · Schnittlauchröllchen

1. Für die Pfannkuchen Mehl, Milch, Eier, 50 ml Wasser, 1 Prise Salz und Pfeffer zu einem glatten Teig verrühren. Etwa 15 Minuten zugedeckt ruhen lassen.

2. Den Lauch putzen, waschen und in feine Ringe schneiden. Etwas Öl in einer Pfanne erhitzen und den Lauch darin weich dünsten. Beiseitestellen.

3. Für den Salat Öl, Essig, Senf, Salz, Pfeffer sowie 1 Prise Cayennepfeffer gut verrühren. Die Topinamburen waschen. Auf dem Gemüsehobel in dünne Scheiben hobeln. Den Apfel waschen und vierteln, entkernen und die Viertel ebenfalls in dünne Scheiben hobeln. Topinambur- und Apfelscheiben unter das Dressing mischen. Die Tomaten waschen und unterheben.

4. Den Backofen auf 80 °C vorheizen. Eine beschichtete Pfanne erhitzen. Den Teig nochmals durchrühren und ein Viertel davon in die Pfanne geben. Ein Viertel des Lauchs daraufgeben. Den Pfannkuchen 1 1/2 Minuten backen und wenden. Auf der zweiten Seite ebenfalls 1 1/2 Minuten backen. Auf diese Weise 4 Pfannkuchen backen und im Ofen warm halten.

5. Je 1 Pfannkuchen auf einem Teller mit Topinambursalat anrichten. Mit klein gezupftem Radicchio und Schnittlauchröllchen garnieren und sofort servieren.

Quarkcreme mit Himbeeren
und Elisenlebkuchen

Zutaten für 4 Personen

250 g Speisequark (40 % Fett)
etwas abgeriebene Bio-Zitronen- oder Limettenschale
35 g Zucker
Salz
200 g Sahne
1 Elisenlebkuchen oder 60 g Zartbitterschokolade
3 sehr frische Eiweiß
30 g Puderzucker
250 g Himbeeren (tiefgekühlt)

1. Den Quark mit der Zitrusschale, dem Zucker und 1 Prise Salz gut verrühren. Die Sahne steif schlagen und unterheben. Den Elisenlebkuchen fein hacken oder die Schokolade raspeln. Lebkuchen oder Schokolade unter die Quarkcreme heben.

2. Die Eiweiße mit dem Puderzucker zu steifem Schnee schlagen und unterziehen. Die Himbeeren bis auf ein paar zum Garnieren auf vier Dessertgläser verteilen. Die Quarkcreme daraufgeben und glatt streichen. Auf jede Portion ein paar Himbeeren setzen. Die Creme mindestens 3 Stunden kühl stellen. Das Dessert gekühlt servieren.

Mein Tipp:
Das ist ein toller Nachtisch für den Silvesterabend, bei dem man übrig gebliebene Lebkuchen wunderbar verwerten kann. Außerdem gelingt er supereinfach und lässt sich gut vorbereiten. Im Sommer nehme ich anstelle des Lebkuchens Schokolade und nach Möglichkeit frische Himbeeren.

Oberpfalz

Eine Landschaft wie aus dem Bilderbuch, gesegnet mit Wasser, Wald, Wiesen und Weiden. Hier geht der Bayerische Wald in den Böhmischen über – und es treffen sich zwei Kulturen mit guter Küche von feinem Fisch bis zu deftigen Knödeln.

Zwischen Donau und Bayerischem Wald gibt das Land viel her: weitläufige Weiden fürs Vieh, gute Luft und herrliche Naturlandschaften zum Wandern und Sich erholen – und jede Menge kulturelle Sehenswürdigkeiten, die immer eine Reise wert sind. Tradition und Moderne auf bayerische Art.

Einen Milchziegenhof mit 240 Geißen, eine Familie mit drei Söhnen, einen modernen Ziegenlaufstall und ein Hofcafé – und ganz viel Spaß am Musikmachen, Backen und Gästebewirten: Maria Deß hat viele Talente. Und die nutzt sie auch, um ihren Ziegenhof jeden Tag mit Freude und Leben zu füllen.

Maria Deß

Ein eigenes Café – diesen Traum hat sich Maria auf ihrem Ziegenhof erfüllt. Ihre vielen Talente kann sie hier voll und ganz ausleben.

Von ihren Ziegen kann Maria manches Lied singen. Eines zum Beispiel fängt so an: „Ja, mir ham a Café und an Haufa Goiß." In schönstem Oberpfälzisch singt sie die Strophen ihres Ziegenhof-Lieds, mit Temperament und kraftvoller Stimme, und dazu haut sie in die Tasten ihrer Steirischen Harmonika. Eigene Lieder komponieren und vortragen und sich dabei selbst auf der Steirischen begleiten – das macht ihr Riesenspaß. Und wenn man es recht bedenkt, ist es auch kein Zufall, dass Maria mit ihrem Mann Günter einen Ziegenhof betreibt. Ziegen sind aufgeweckte Tiere. Vor allem Ziegendamen mögen gerne in Gesellschaft sein. Und so fidel und quirlig wie die 240 Milchziegen, die auf dem Richthof der Familie Deß in der Oberpfalz leben, sind auch Maria und ihr Mann: munter, fröhlich – und ausgesprochen gesellig.

Was Ziegen sehr gut können, ist holpriges Gelände meistern, sich von schwierigen Wegstrecken nicht abschrecken lassen. Als Maria und Günter den Entschluss fassten, ihren Milchviehbetrieb aufzugeben und auf biologische Ziegenhaltung umzustellen, war das eine ziemliche Herausforderung. Sie kauften den alten Richthof bei Freystadt mit all dem schönem Baumbestand und Acker- und Weideland drumherum, richteten das Gebäude komplett her und bauten dazu einen modernen Ziegenlaufstall mit angeschlossenem Hofcafé. Dort können ihre Gäste nun bei Kaffee und Kuchen durch große Fenster hindurch direkt in den Stall gucken. Und dabei den quirligen Geißen zusehen, wie sie sich ihr Futter aus Kräutern, Gräsern und Getreide schmecken lassen.

Vielseitigkeit – genau das braucht Maria, um so richtig aufzublühen. Melken hatte sie schon als Mädchen gelernt, ihre Eltern hatten eine Landwirtschaft. Melken, Füttern, Misten gehören auch heute zu ihren täglichen Aufgaben. „Ich liebe es, in den Stall zu gehen", sagt sie. Michael, der mittlere ihrer drei Söhne, hilft schon fleißig mit beim Direktverkauf. Ziegenmilch und -joghurt gibt's auf dem Richthof jeden Tag frisch ab Hof. Früher hatte Ziegenmilch ja ein Arme-Leute-Image. Aber das hat sich komplett geändert. Zweimal die Woche fährt Maria einen Teil der Milch zu einer benachbarten Hofkäserei, dort werden dann Frischkäse und Weichkäse mit feinen Kräutern und Gewürzen daraus.

»Ich liebe meine Ziegen«, sagt Maria. »Und diese Liebe bekomme ich jeden Tag zurück.«

Und dann gibt's da noch die Meckertorte! Marias Spezialität: eine locker-leichte Schichttorte mit Schokolade und Ziegenmilch, von Maria selbst gebacken – wie all die anderen Kuchen und Torten für ihr Café auch. Backen kann sie mindestens so gut wie singen. Schon als Kind hat sie mit Begeisterung Teig gerührt und einen Kuchen nach dem anderen aus dem Ofen gezaubert, bis ihre Mutter Margret mit gespielter Entrüstung die Hände über dem Kopf zusammenschlug: „Ja, Kind, wie viele Kuchen willst denn noch backen?!" Heute hilft Margret gerne mit, wenn Maria das Kuchenbuffet fürs Café wieder mit Nachschub versorgt. Und wenn dann die Gäste am Tisch sitzen und eine gute Zeit haben, bei Kaffee und Meckertorte, dann holt Maria natürlich ihre Steirische hervor und spielt was Lustiges auf. Für ihre Gäste, für die gute Stimmung und natürlich auch, weil ihr das einfach liegt: das gesellige Beieinandersein: „A Gaudi, a Musi und dazu viel g'lacht – das ist doch das Schönste, was es gibt", sagt sie – und wer wollte ihr da widersprechen?

Hoch die Tassen!
So haben Sie Ihr Brot noch
nie gegessen, oder?

Ziegenkäse-Variationen

mit Gewürzapfel und Tassenbrot

Zutaten für 4 Personen

Für den Gewürzapfel:
100 g brauner Zucker
1/4 l trockener Weißwein
2 aromatische Äpfel (z. B. Elstar)
1 Vanilleschote
1 Zimtstange
abgeriebene Schale von
1/2 Bio-Zitrone
1 Sternanis
ca. 1 EL Speisestärke
ca. 3 Stiele Basilikum

Für die Ziegenkäse-Variationen:
100 g Ziegenfrischkäse
4 Gurkenscheiben
150 g Ziegenfrischkäserolle
4 Zucchinischeiben
4 TL Honig

Für das Tassenbrot:
200 g Mehl
200 ml Ziegenmilch
1 TL Backpulver
Salz
Fett für die Tassen
Sonnenblumenkerne

1. Für den Gewürzapfel den Zucker in einem Topf karamellisieren und mit dem Wein ablöschen. Die Äpfel waschen, schälen, vierteln und entkernen. Die Viertel in kleine Stücke schneiden. Die Vanilleschote längs aufschneiden und das Mark mit einem spitzen Messer herauskratzen. Die Apfelstücke, Vanilleschote und -mark, die Zimtstange und die Zitronenschale zum Karamell geben. Den Sternanis zerkleinern, in ein Teesieb oder Gewürzsäckchen geben (Letzteres verschließen) und ebenfalls hinzufügen. Die Äpfel bissfest kochen. Etwas Speisestärke mit kaltem Wasser anrühren und die Äpfel damit binden. Abkühlen lassen.

2. Den Gewürzbeutel, die Vanilleschote und die Zimtstange entfernen. Das Basilikum waschen und trocken tupfen, die Blätter abzupfen und in feine Streifen schneiden.

3. Für die Ziegenkäse-Variationen den Backofen auf 180 °C vorheizen. Ein Backblech mit Backpapier belegen. Den Ziegenfrischkäse glatt rühren, zu 4 Nocken formen und auf den Gurkenscheiben anrichten. Die Ziegenkäserolle in 4 Scheiben schneiden, auf die Zucchinischeiben legen und mit dem Honig beträufeln. Die belegten Zucchinischeiben auf das Backblech setzen und im Ofen auf der mittleren Schiene etwa 7 Minuten gratinieren.

4. Für das Tassenbrot den Backofen auf 200 °C vorheizen. Das Mehl mit der Ziegenmilch, dem Backpulver und 1/2 TL Salz in einer Schüssel gut verrühren. Vier Espressotassen einfetten und den Teig darauf verteilen. Mit Sonnenblumenkernen bestreuen. Eine Tasse Wasser auf den Boden des Backofens stellen und die Tassenbrote im Ofen auf der mittleren Schiene etwa 25 Minuten goldbraun backen.

5. Etwas Gewürzapfel und die Ziegenkäse-Variationen auf Tellern anrichten. Je 1 Tassenbrot dazustellen. Nach Belieben mit Salatblättern und Kräutern garnieren.

Ziegenkeule

mit Selleriepüree und buntem Grillgemüse

Zutaten für 4 Personen

Für die Ziegenkeule:
1/2 Knollensellerie
2 Karotten
1 Zwiebel
1 Stange Lauch
Öl zum Anrösten
200 g Ziegenknochen, zerkleinert (walnussgroß)
1/2 Tube Tomatenmark
1/2 l trockener Rotwein
1 Lorbeerblatt
3 Wacholderbeeren
1 Vanilleschote
1 l Gemüsebrühe
Butterschmalz zum Anbraten
1 kg Ziegenkeule (ohne Knochen)
Salz · Pfeffer aus der Mühle

Für das Püree:
1 großer Knollensellerie
400 g Sahne
1 kleines Bund Petersilie
2 EL kalte Butter
Salz
frisch geriebene Muskatnuss

Für das Grillgemüse:
1 junge Zucchini
1 große Karotte
1 Fenchelknolle
Butterschmalz
Salz · Pfeffer aus der Mühle

1. Für die Ziegenkeule am Vortag die Gemüse putzen und waschen bzw. schälen und klein schneiden. Etwas Öl in einem großen Topf erhitzen und die Ziegenknochen darin anrösten, bis sie schön braun werden. Die Gemüse und das Tomatenmark dazugeben und rundum anbraten. Mit etwas Wein ablöschen und einkochen. Diesen Vorgang mehrmals wiederholen, bis der Wein aufgebraucht ist. Das Lorbeerblatt und die Wacholderbeeren hinzufügen, die Vanilleschote längs aufschneiden und ebenfalls dazugeben. Mit der Brühe auffüllen und alles mit geschlossenem Deckel bei schwacher Hitze etwa 5 Stunden köcheln lassen.

2. Am nächsten Tag die Sauce durch ein Spitzsieb gießen. Die Flüssigkeit auffangen, ein Drittel des Röstgemüses abnehmen und beiseitestellen. Den Backofen auf 120 °C vorheizen. Etwas Butterschmalz im Bräter erhitzen und die Ziegenkeule darin auf allen Seiten anbraten. Das beiseitegestellte Röstgemüse dazugeben. Mit der Sauce aufgießen und im Ofen auf der mittleren Schiene etwa 1 Stunde schmoren. Mit Salz und Pfeffer abschmecken.

3. Für das Püree den Sellerie putzen, schälen, in etwa 1 cm große Stücke schneiden und mit der Sahne in einem Topf weich garen. Den Großteil von der Flüssigkeit abgießen und auffangen. Petersilien- und Sellerieblätter abzupfen und in kochendem Wasser blanchieren. Dann in Eiswasser abschrecken, damit die grüne Farbe erhalten bleibt. Den Knollensellerie und die blanchierten Blätter mit dem Stabmixer pürieren, die kalte Butter untermixen und das Püree mit Salz und Muskatnuss abschmecken. Eventuell mit etwas aufgefangener Selleriesahne verrühren, bis das Püree schön cremig ist.

4. Für das Grillgemüse Zucchini, Karotte und Fenchel putzen, waschen und in Scheiben schneiden. Karotte und Fenchel in kochendem Wasser kurz blanchieren und abgießen. Etwas Butterschmalz in einer Grillpfanne erhitzen und die Gemüsescheiben darin auf beiden Seiten bissfest braten. Mit Salz und Pfeffer würzen.

5. Die Ziegenkeule aus dem Ofen nehmen, in Scheiben schneiden und auf Tellern anrichten. Das Selleriepüree und das Grillgemüse daneben anrichten. Das Fleisch mit etwas Sauce beträufeln und nach Belieben mit Rosmarin- und Dillspitzen garnieren.

Mmmh, süßsaure Begleiter machen das Dessert perfekt!

Meckertörtchen

mit Johannisbeer-Sorbet

Zutaten für 4 Personen

Für das Sorbet:
500 g Schwarze und Rote Johannisbeeren
310 g Zucker
Saft von 2 Zitronen
1 Eiweiß
80 ml Orangenlikör (z. B. Cointreau)

Für den Biskuit:
3 Eier · 120 g Zucker
1 Packung Schokoladen-Puddingpulver
1 TL Backpulver
80 g Mehl

Für die Joghurtmasse:
2 Blatt Gelatine
200 g Sahne
1 EL Zucker
150 g Ziegenjoghurt
1 Spritzer Zitronensaft

Für die Schokomousse:
200 g Sahne
1 Blatt Gelatine
35 g Zartbitterkuvertüre
50 ml Ziegenmilch
1 TL Zucker

Außerdem:
Johannisbeergelee zum Bestreichen
Kakaopulver zum Bestäuben (nach Belieben)

1. Für das Sorbet die Johannisbeeren verlesen, waschen und mit den Stielen in einem Topf aufkochen. Durch ein Sieb streichen und abkühlen lassen. 1/4 l Wasser mit dem Zucker in einem Topf aufkochen, bis sich der Zucker aufgelöst hat. Etwa 5 Minuten köcheln, dann abkühlen lassen. Den Zitronensaft unterrühren. Das Johannisbeermus mit dem Zuckerwasser mischen. Das Eiweiß zu steifem Schnee schlagen und unterheben. Den Likör unterrühren. Die Masse in die Eismaschine geben und gefrieren oder in einer Schüssel im Tiefkühlfach etwa 4 Stunden gefrieren lassen, dabei gelegentlich mit einer Gabel umrühren.

2. Für den Biskuit den Backofen auf 180 °C vorheizen. Die Eier mit dem Zucker und 2 EL Wasser mit den Quirlen des Handrührgeräts schaumig schlagen, Puddingpulver und Backpulver unterrühren. Das Mehl dazusieben und unterheben. Den Teig auf einem mit Backpapier belegten Blech glatt streichen und im Ofen auf der mittleren Schiene etwa 10 Minuten backen. Den Biskuit aus dem Ofen nehmen und abkühlen lassen.

3. Für die Joghurtmasse die Gelatine in kaltem Wasser einweichen. Die Sahne steif schlagen und den Zucker einrieseln lassen. Die Gelatine in einem kleinen Topf unter Rühren erwärmen, bis sie sich auflöst, dann in den Ziegenjoghurt rühren. Diese Mischung vorsichtig unter die geschlagene Sahne heben. Mit dem Zitronensaft abschmecken.

4. Für die Schokomousse die Sahne steif schlagen. Die Gelatine in kaltem Wasser einweichen. Die Kuvertüre hacken. Die Ziegenmilch in einem Topf erwärmen und die Kuvertüre darin schmelzen. Die Schokomilch in eine Schüssel füllen. Die Gelatine ausdrücken und unter Rühren in der Schokomilch auflösen. Die Mischung etwas abkühlen lassen. Anschließend die Sahne unterheben und die Mousse mit dem Zucker abschmecken.

5. Aus der Hälfte des Biskuitbodens mit Anrichteringen 4 bis 5 Kreise ausstechen, die Ringe vorsichtig abziehen (den restlichen Biskuit einfrieren oder anderweitig verwenden). Die Teigkreise mit Johannisbeergelee bestreichen, die Ringe wieder darübersetzen. Jeweils etwas Joghurtmasse einfüllen und etwa 1 Stunde kühl stellen und fest werden lassen. Jetzt mit etwas Schokomousse auffüllen und wieder kühl stellen, bis die Masse fest ist. Die Törtchen vorsichtig aus den Ringen lösen und nach Belieben mit Kakao bestäuben. Jedes Törtchen mit 1 Nocke oder 1 Kugel Johannisbeer-Sorbet anrichten und servieren.

Rinderrouladenbraten

mit Ziegenkäse-Hackfleisch-Füllung

Zutaten für 6 Personen

4 Rinderrouladen (à ca. 200 g)
1 1/2 EL mittelscharfer Senf
4 Scheiben roher Schinken
4 Scheiben Ziegenkäse
500 g gemischtes Hackfleisch
2 Eier
Salz · Pfeffer aus der Mühle
1 TL Paprikapulver (edelsüß)
1 TL getrockneter Majoran
1 Zwiebel
1/2 Knollensellerie
1/2 Stange Lauch
2 Karotten
30 g Butterschmalz

1. Die Rinderrouladen nebeneinander leicht überlappend auf der Arbeitsfläche auslegen und mit dem Senf bestreichen. Die Schinken- und die Käsescheiben darauf verteilen.

2. Das Hackfleisch mit den Eiern und den Gewürzen in einer Schüssel gründlich mischen und gleichmäßig auf den belegten Fleischscheiben verteilen. Das Fleisch an den Seiten etwa 2 cm einklappen und aufrollen. Die Rolle mit Küchengarn in Form binden. Den Backofen auf 200 °C vorheizen.

3. Die Zwiebel schälen und in grobe Würfel schneiden. Das Gemüse putzen, waschen bzw. schälen und in etwa walnussgroße Stücke schneiden. Das Butterschmalz im Bräter erhitzen und den Rouladenbraten darin rundum anbraten. Die Gemüsewürfel dazugeben und mit etwas Wasser aufgießen. Den Braten im Ofen auf der mittleren Schiene etwa 1 1/2 Stunden garen, dabei immer wieder Wasser dazugießen (insgesamt etwa 1 1/2 Liter).

4. Den Braten aus dem Bräter nehmen, die Gemüse in der Flüssigkeit mit dem Stabmixer fein pürieren und die Sauce mit Salz und Pfeffer abschmecken. Das Küchengarn entfernen und den Braten in 4 Stücke schneiden. Mit der Sauce auf Tellern anrichten. Dazu passen Kartoffelknödel und Blaukraut.

Champignon-Speck-Quiche
mit Buchweizen

Zutaten für 8 Personen

100 g Weizenmehl
150 g Buchweizenmehl
Salz · 4 Eier
125 g kalte Butter
150 g durchwachsener Speck
1 große Zwiebel
600 g Champignons
1 EL Zitronensaft
1 Bund Schnittlauch
200 g Sahne
75 g geriebener Berg- oder Ziegenkäse
Pfeffer aus der Mühle

1. Beide Mehlsorten mit 1 Prise Salz, 1 Ei, der klein geschnittenen kalten Butter und 2 EL kaltem Wasser zu einem Teig verkneten. Den Teig in eine Quicheform (30 cm Durchmesser) geben und die Form damit auskleiden, dabei einen kleinen Rand formen. Den Teig in der Form 1 Stunde kühl stellen.

2. Den Speck in kleine Würfel schneiden. Die Zwiebel schälen und in feine Würfel schneiden. Die Champignons putzen, trocken abreiben und in dünne Scheiben schneiden. Mit dem Zitronensaft beträufeln. Den Speck in einer Pfanne auslassen. Die Zwiebel dazugeben und glasig dünsten. Den Schnittlauch waschen, trocken schütteln und in feine Röllchen schneiden. Den Backofen auf 200 °C vorheizen.

3. Die Pilze mit dem Speck und dem Schnittlauch mischen und auf dem abgekühlten Teig verteilen. Die restlichen Eier mit der Sahne, dem geriebenen Käse, etwas Salz und 1 Prise Pfeffer verquirlen. Über die Pilze geben. Die Quiche im Ofen auf der mittleren Schiene etwa 40 Minuten backen. Herausnehmen, etwas abkühlen lassen, in Stücke schneiden und auf Teller verteilen. Dazu passt grüner Salat. Die Quiche schmeckt auch kalt sehr gut.

Eierlikörtraum
im Sektglas

Zutaten für 4 Personen

1 Blatt Gelatine
200 g Sahne
150 g Schmand
30 g Zucker
3 ml Zitronensaft
35 ml Eierlikör
8 TL Eierlikör zum Garnieren

1. Die Gelatine in kaltem Wasser einweichen. Die Sahne steif schlagen und den Schmand unterheben. Den Zucker und den Zitronensaft unterrühren. Die Gelatine ausdrücken und in einem kleinen Topf oder in der Mikrowelle auflösen. Den Eierlikör hinzufügen und die Mischung zur Sahne-Schmand-Creme geben. Etwas ziehen lassen.

2. Die Eierlikörcreme in einen Spritzbeutel füllen und jeweils etwas Eierlikörcreme in vier Sektgläser spritzen. Je 1 TL Eierlikör daraufgeben, dann wieder etwas Creme hineinspritzen. Mit je 1 TL Eierlikör als Garnierung abschließen. Die Gläser zugedeckt etwa 4 Stunden kühl stellen.

Die Bauernhofwirtschaft der Familie Deinhard ist wie ein kleiner Zoo: Hier leben Meerschweinchen und Schweine, Rinder, Enten, Gänse und Pfauen in friedlicher Eintracht. Große und kleine Gäste können die Tiere mit allen Sinnen erleben: streicheln, fühlen – und manche natürlich auch schmecken.

Silvia Deinhard

Die Farm der Tiere: Auf dem Hof der Deinhards fühlen sich große wie kleine Zwei- und Vierbeiner pudelwohl.

Franz-Ludwig hat Geschmack: Leberkäse, Marmorkuchen, ab und zu ein Stückerl Bratwurst – der Pfau von Silvia und Christian Deinhard ist ein rechter Feinschmecker. Seit sechs Jahren lebt er auf dem Bauernhof und pflegt ein königliches Macho-Dasein: Drei Frauen, Pardon, Pfauenhennen scharen sich um ihn; Nachwuchs hat er auch gerade bekommen. Und seine Hauptfrau heißt ausgerechnet Sissi. Die Pfauendame kam mit ihm zusammen auf den Hof der Deinhards, damals, als Silvia ihren Traum wahrmachen und endlich einen Pfau haben wollte: „Da hab ich einfach eine Anzeige im Wochenblatt aufgegeben: Suche Pfau. Und dann hab ich gleich zwei gekriegt!"

Tierisch gut drauf waren die Deinhards schon immer. Ursprünglich betrieben Christians Eltern eine Milchviehwirtschaft. Doch als sich das nicht mehr rentierte und Christian den Hof übernahm, beschloss er, ein bisserl etwas Gastronomisches aufzuziehen; davon hatte er schon immer geträumt. Silvia auch. Als sie Christian kennenlernte, arbeitete sie im öffentlichen Dienst und sattelte noch eine Ausbildung zur Hauswirtschafterin drauf. Beiden schwebte das Gleiche vor: einen gastfreundlichen Ort zu schaffen, in dem sich Kinder und Eltern gleichermaßen wohlfühlen. Eine freundliche Wirtschaft, in der die Großen in Ruhe genießen und die Kleinen nach Herzenslust toben können. Platz ist genügend da: Der Hof liegt am Ende einer Stichstraße direkt am Wald. Drumherum erstrecken sich Wiesen und Weiden, und es gibt nur einen Nachbarhof. Der ideale Ausflugsort zum Wandern, Spielen, Schlemmen.

»Wir wollten einen Ort schaffen, an dem sich alle wohlfühlen – locker und fröhlich!«

Alles fing damit an, dass Christian Heidi mitbrachte. So heißt die Ziege, die er vor zehn Jahren auf einem Markt entdeckte. Seit Heidi kam, gibt es kein Halten mehr: Meerschweinchen gesellten sich hinzu und Enten und Gänse, Goldfasane und Pfauen, Schweine und Hühner – und Rinder. „Bei uns hat jedes Tier sein Haus, seine Weide und sein Reich", erklärt Silvia. Die Meerschweinchen bauen Höhlen unter den Weideplätzen der Enten und Gänse, die Rinder leben die ganze Zeit über draußen, kalben auf der Weide und werden dort, wenn die Zeit gekommen ist, von einem Jäger in den siebten Rinderhimmel befördert. Aus ihrem Fleisch bereitet Silvia unter anderem ihren Burgunderbraten zu. Und aus den hofeigenen Schweinen macht sie mit einem Metzger zusammen in ihrer Küche Wurst.

Presssack, Schinkenwurst oder auch Buttercremetorten – was in der Bauernhofwirtschaft auf Brotzeitbrettl und Teller kommt, ist selbst gemacht. „Und immer frisch", betont Silvia. Die Wirtschaft ist sonntags und feiertags auf. Unter der Woche kommen Gruppen: Kindergärten, Schulen, gerne auch ältere Gäste. Tiere streicheln, ihr Fell und Gefieder fühlen ist ein zeitloser Spaß. Silvia fällt auf, dass selbst Kinder vom Land die heimischen Tiere oft nicht mehr kennen. „Die sagen dann, der Pfau sei ein Flamingo", erzählt sie. Hingebungsvoll zeigt sie den Kleinen ihre Viecherei. Und nimmt sich überhaupt gern Zeit für ihre Gäste. Dabei hat sie selbst eine große Familie: die Buben Maximilian und Philipp und das Nesthäkchen Josef, und nicht zu vergessen – den Franz-Ludwig. Der gehört dazu! Und weil er das weiß, stolziert er manchmal ganz selbstbewusst zu Silvia in die Küche. Und schnappt sich eine tierische Leckerei.

Diese Vorspeise lässt sich gut am Vortag vorbereiten – ideal, wenn Gäste kommen.

Zucchinirosen

im „Tomatenblumenbeet" mit Kräuterbrot

Zutaten für 4 Personen

Für die Zucchinirosen:
2 Zucchini
Salz
Öl zum Anbraten
1 Handvoll Basilikumblätter
4 Knoblauchzehen
1/2 l Tomatensaft
200 ml Olivenöl
1 TL Zucker
Pfeffer aus der Mühle

Für das Kräuterbrot:
500 g Mehl
1 Päckchen Trockenhefe
Salz
2 EL Olivenöl
1 Handvoll gemischte frische Kräuter (gehackt) oder 3 TL gemischte getrocknete Kräuter (z. B. Oregano, Thymian, Basilikum, Rosmarin, Petersilie)

Außerdem:
4 EL Aceto balsamico
etwas Crema di balsamico
essbare Blüten zum Garnieren

1. Für die Zucchinirosen am Vortag die Zucchini putzen, waschen und längs in etwa 1/2 cm dünne Scheiben schneiden. Mit Salz bestreuen und 10 Minuten ziehen lassen. Dann mit Küchenpapier abtupfen. Etwas Öl in einer großen Pfanne erhitzen und die Zucchinischeiben darin auf jeder Seite goldbraun anbraten. Herausnehmen und auf die Arbeitsfläche legen. Das Basilikum waschen und trocken tupfen, etwa die Hälfte der Blätter auf die Zucchinischeiben verteilen, die Scheiben aufrollen und aufrecht in eine kleine ofenfeste Form stellen.

2. Den Knoblauch schälen und zerdrücken. Den Tomatensaft mit Knoblauch, Olivenöl, 1 TL Salz, dem Zucker und etwas Pfeffer vermischen und über die Zucchinirosen geben. Die übrigen Basilikumblätter auf den Röllchen verteilen. Die Form mit Frischhaltefolie abdecken und die Röllchen über Nacht ziehen lassen.

3. Am nächsten Tag für das Kräuterbrot das Mehl, die Trockenhefe, 2 TL Salz, das Olivenöl und 200 bis 300 ml lauwarmes Wasser sowie die Kräuter mit den Knethaken des Handrührgeräts zu einem Teig verkneten. Zugedeckt etwa 45 Minuten ruhen lassen.

4. Den Backofen auf 200 °C vorheizen. Den Teig zu 8 bis 10 Stangen formen und diese auf ein mit Backpapier belegtes Backblech legen. Im Ofen auf der mittleren Schiene etwa 10 Minuten goldbraun backen.

5. Auf jeden Teller 1 EL Aceto balsamico geben. Die Zucchinirosen daraufsetzen und etwas Tomatensauce dazuträufeln. Mit Crema di balsamico verzieren und mit Blüten garnieren. Das Kräuterbrot dazu reichen.

Kleiner Aufwand, große Show:
Mit wenigen Handgriffen werden aus Möhren-
scheiben Möhrenblüten.

Mein Tipp

Ein besonderes Augenschmankerl: Mit einem kleinen und einem großen blumenförmigen Ausstecher aus 2 Knödelscheiben 1 Blume ausstechen. In die große Blumenmulde das Karottengemüse geben, in die kleinere Mulde etwas Preiselbeermarmelade füllen.

Burgunderbraten

vom Weiderind mit Brezen-Serviettenknödel und Karottengemüse

Zutaten für 4 Personen

Für den Braten:
1–1 1/2 kg Rindfleisch (von der Kugel)
Salz · Pfeffer aus der Mühle
3 Karotten
2 Stangen Lauch
3 Zwiebeln
400 g geräucherter Bauchspeck (in Würfeln)
1 l trockener Rotwein
3 TL Speisestärke

Für die Kartoffelklöße:
600 g mehligkochende Kartoffeln
1 Ei · 100 g Kartoffelstärke
Salz · Pfeffer aus der Mühle
frisch geriebene Muskatnuss
1/2 Semmel vom Vortag
Butter zum Braten

Für die Serviettenknödel:
200 g Brezen vom Vortag
2 Eier · 150 ml Milch
1 EL Petersilie (gehackt)
Salz · Pfeffer aus der Mühle
1 EL fein gehackte Zwiebel

Für das Gemüse:
8 Karotten
1 kleine Zwiebel
Butter zum Andünsten
Salz · Zucker
1 EL Petersilie (gehackt)

Außerdem:
Preiselbeergelee zum Servieren
Schnittlauchröllchen zum Garnieren

1. Für den Braten den Backofen auf 170 °C vorheizen. Das Fleisch salzen und pfeffern. Die Karotten putzen, schälen und klein schneiden. Den Lauch putzen, waschen und ebenfalls klein schneiden. Die Zwiebeln schälen und in feine Würfel schneiden. Fleisch und alle Gemüse in den Bräter geben und im Ofen auf der mittleren Schiene 20 Minuten garen.

2. Den Speck auf dem Fleisch verteilen und 20 Minuten garen. Den Wein und 1/4 l Wasser angießen. Die Temperatur auf 150 °C reduzieren und den Braten zugedeckt 3 bis 4 Stunden schmoren.

3. Für die Kartoffelklöße die Kartoffeln mit der Schale waschen und in einem Dämpftopf weich dämpfen. Pellen und durch die Kartoffelpresse drücken. Abkühlen lassen und mit dem Ei und der Speisestärke mischen, mit 2 Prisen Salz, Pfeffer und Muskatnuss abschmecken. Den Teig etwas ruhen lassen. Die Semmel in Würfel schneiden. Etwas Butter in einer Pfanne erhitzen und die Semmelwürfel darin goldbraun braten.

4. Für die Serviettenknödel die Brezen in Scheiben schneiden. Mit Eiern und Milch in einer Schüssel etwa 10 Minuten einweichen. Mit den restlichen Zutaten mischen, in einem Streifen auf Frischhaltefolie verteilen und einrollen. Die Rolle in Alufolie wickeln, die Ränder gut verschließen. In einem Topf mit siedendem Wasser 20 bis 25 Minuten ziehen lassen.

5. Den Kartoffelteig in 4 Portionen teilen und flach drücken. Je ein paar Semmelwürfel in die Mitte geben und den Teig um die Semmelwürfel herum zu runden Klößen formen. In einem Topf Wasser aufkochen und die Klöße darin etwa 5 Minuten köcheln. Die Temperatur reduzieren und die Klöße bei schwacher Hitze etwa 20 Minuten ziehen lassen.

6. Für das Gemüse die Karotten putzen, schälen und mit dem Gemüseschneider der Länge nach rundum mehrmals einkerben. In 1/2 cm dicke Scheiben (Blumen) schneiden. Die Zwiebel schälen und in feine Würfel schneiden. Die Butter erhitzen und die Zwiebel darin andünsten. Die Karottenblumen dazugeben und ebenfalls kurz andünsten. Etwas Wasser dazugeben und die Karotten bissfest garen. Mit 1 Prise Salz und etwas Zucker abschmecken, die Petersilie untermischen und das Gemüse nach Belieben mit 1 Schuss Sahne verfeinern.

7. Das Fleisch aus dem Bräter nehmen, die Sauce mit Salz und Pfeffer abschmecken und mit der mit Wasser angerührten Speisestärke andicken. Die Brezenrolle und den Braten in Scheiben schneiden und mit Klößen, Gemüse und Sauce auf Tellern anrichten. Mit Schnittlauch bestreuen.

Schwarzbatascherl

mit Vanillesauce

Zutaten für 4 Personen

Für die Schwarzbatascherl:
200 g Mehl
70 g Butter
Salz
70 ml Milch
Mehl für die Arbeitsfläche
Öl zum Bestreichen
500 g Heidelbeeren (Schwarzbeeren)
4 TL Zucker
1 Eigelb
1 EL Milch
150–200 g Sahne

Für die Vanillesauce:
2 Vanilleschoten
1/2 l Milch
Salz
4 Eigelb
8–10 g Speisestärke
2 geh. EL Zucker
3 EL Sahne (steif geschlagen)

Außerdem:
Puderzucker zum Bestäuben
Heidelbeeren (Schwarzbeeren) und Zitronenmelisseblätter zum Garnieren

1. Für die Schwarzbatascherl aus dem Mehl, der Butter, 1 Prise Salz und der Milch einen Teig anrühren und gut durchkneten. Auf die bemehlte Arbeitsfläche legen, mit Öl bestreichen und mit einer Schüssel bedecken. 15 Minuten ruhen lassen.

2. Den Backofen auf 175 °C vorheizen. Die Heidelbeeren verlesen, waschen und trocken tupfen. Den Teig dünn ausrollen und in 4 Quadrate (à 20 x 20 cm) schneiden. Die Heidelbeeren und den Zucker mittig darauf verteilen. Anschließend jeweils die Ecken zur Mitte hin einschlagen. Die Teigtaschen auf ein Backblech oder in einen Bräter legen.

3. Aus dem Rest des Teiges mit einem Ausstechförmchen Schmetterlinge ausstechen. Das Eigelb mit der Milch verrühren. Die Unterseite der Schmetterlinge damit bestreichen und die Schmetterlinge auf die Teigtaschen setzen. Die Taschen im Ofen auf der mittleren Schiene 20 Minuten backen. Dann die Sahne darübergießen und die Tascherl etwa 15 Minuten goldbraun backen.

4. Inzwischen für die Vanillesauce die Vanilleschoten längs aufschneiden und mit der Milch und 1 Prise Salz in einem Topf aufkochen. Die Hitze reduzieren und die Schoten 10 bis 15 Minuten ziehen lassen. Die Milch etwas abkühlen lassen und die Vanilleschoten entfernen. Die Eigelbe mit der Speisestärke und dem Zucker in einem Topf verrühren und die Vanillemilch dazugeben. Die Mischung unter ständigem Rühren noch einmal kurz erhitzen.

5. Jeweils 1 Schwarzbatascherl auf einen Teller legen und mit etwas Puderzucker bestäuben. Auf je zwei Zahnstocher je 1 oder mehrere Heidelbeeren stecken und als Schmetterlingsfühler in die Strudeltaschen stecken. Die Tascherl mit Zitronenmelisseblättern garnieren und mit der Vanillesauce anrichten.

Kräuterforelle

aus dem Ofen mit Salzkartoffeln und brauner Butter

Zutaten für 4 Personen

Für die Forelle:
4 Forellen (ca. 350 g; küchenfertig)
Salz · Pfeffer aus der Mühle
Butter zum Bestreichen
8 Stiele Petersilie
4 Stiele Estragon

Für die Kartoffeln:
8 mittelgroße festkochende Kartoffeln
Salz

Außerdem:
125 g Butter

1. Für die Forellen den Backofen auf 160 bis 170 °C vorheizen. Die Forellen waschen und trocken tupfen, innen und außen mit Salz und Pfeffer würzen. Ein langes Stück Alufolie doppelt legen und daraus vier 40 cm lange Stücke schneiden. Die Alufolie mit Butter bestreichen.

2. Die Kräuter waschen und trocken schütteln. Je 2 Stängel Petersilie und 1 Stängel Estragon in jeden Fischbauch legen. Jede Forelle auf ein Stück Alufolie legen. Die Folie am Kopf- und Fußende einschlagen und danach die Längsseiten über den Fisch schlagen, damit beim Garen keine Flüssigkeit auslaufen kann.

3. Die Fische in der Folie auf ein Backblech legen und im Ofen auf der mittleren Schiene je nach Größe 30 bis 40 Minuten garen.

4. Inzwischen für die Salzkartoffeln die Kartoffeln schälen, waschen und vierteln. In einem Topf mit Salzwasser weich garen.

5. Die Butter in einer Stielkasserolle oder einem kleinen Topf schmelzen, aufkochen und köcheln lassen, bis sie goldbraun wird.

6. Die Forellen aus dem Ofen nehmen und aus der Folie heben. Auf vorgewärmte Teller verteilen. Die Kartoffeln abgießen und dazu anrichten. Die Butter direkt über die Forellen verteilen oder extra dazu reichen.

Feldsalat mit süßem Senf

und gerösteten Pinienkernen

Zutaten für 4 Personen

250 g Feldsalat
1 gegarte Kartoffel
200 ml lauwarme Rinderbrühe
1 TL süßer Senf
2 EL Rapsöl
1 TL Kürbiskernöl
1 TL Honig
Salz · Pfeffer aus der Mühle
4 EL Pinienkerne

1. Den Feldsalat verlesen, waschen und trocken schleudern. Die Kartoffel pellen und mit einer Gabel fein zerdrücken. Die Brühe mit der Kartoffel, dem Senf, dem Rapsöl, dem Kürbiskernöl und dem Honig in einem hohen Rührbecher mit dem Stabmixer zu einem homogenen Dressing pürieren. Mit Salz und Pfeffer abschmecken.

2. Die Pinienkerne in einer Pfanne ohne Fett goldgelb anrösten. Wieder herausnehmen. Den Feldsalat auf vier Teller verteilen und das Dressing darübergeben. Den Salat mit den Pinienkernen bestreuen und sofort servieren.

Apfelküchel

mit Zimt und Zucker

Zutaten für 4 Personen

2 Eier
200 g Mehl
Salz
1/4 l Milch
4 säuerliche Äpfel (z. B. Elstar)
Butterschmalz zum Frittieren
Zimtpulver und Puderzucker zum Bestäuben

1. Die Eier trennen und die Eiweiße zu steifem Schnee schlagen. Die Eigelbe mit dem Mehl, 1 Prise Salz und der Milch verrühren. Den Eischnee vorsichtig unterheben.

2. Die Äpfel schälen und die Kerngehäuse mit dem Apfelausstecher entfernen. Die Äpfel in etwa 1 cm dicke Ringe schneiden. Das Butterschmalz in einem großen Topf erhitzen. Es ist heiß genug, wenn sich an einem hineingehaltenen Holzlöffelstiel Blasen bilden.

3. Die Apfelscheiben portionsweise durch den Teig ziehen und dann sofort im Butterschmalz 3 bis 5 Minuten goldbgelb ausbacken. Mit dem Schaumlöffel herausheben und auf Küchenpapier abtropfen lassen. Noch heiß mit Zimt und Puderzucker bestäuben und servieren.

Niederbayern

Ob Kartoffeln, Gewürzgurken oder Getreide – hier sieht man Äcker, wohin man blickt. Vom Gäuboden sagt man sogar, er sei die Kornkammer Bayerns. Auf die Tische der Landfrauen kommt eine erfrischend modern interpretierte bayerische Küche.

Altes Bauernland – und ein besonders ertragreiches dazu. Früher hätte der Volksmund gesagt, das Leben hier sei „a g'mahde Wiesn", denn der fruchtbare Landstrich ist geprägt von Flüssen wie Donau, Isar und Inn; dazwischen liegen Wälder und saftige Äcker – eine Schatzkammer der Natur.

„Heimat ist da, wo sie gelebt wird“, sagt Gerlinde. Als Erlebnisbäuerin bringt sie mit Führungen und Vorträgen ihren Gästen den Gäuboden näher. Und macht mit selbst gekochten Schmankerln im Hofcafé Appetit darauf, was die fruchtbare Gegend hervorbringt – wie Kartoffeln und Kürbisse.

Gerlinde Schreyer

Mit ihrer Heimat, dem Gäuboden, ist sie tief verwurzelt. Diese Liebe zur Region gibt sie gerne an andere weiter.

Grund zur Freude hat Gerlinde viel: verheiratet mit Heiner, ihrem Traummann, drei hübsche Töchter, dazu ein stattlicher Hof – doch wenn sie eine ganz besondere „innere Freude" spüren möchte, wie sie es nennt, dann geht sie raus aufs Feld. Stapft durch den fruchtbaren Lehm-Löss-Boden auf ihrem Kürbisacker und erfreut sich am Rascheln der Blätter, am Leuchten der Farben: Sonnengelb und Tannengrün, Orange und sanftes Ocker. Dann bückt sie sich runter zur Erde, ganz tief, greift nach den Früchten und prüft, ob sie schon groß und stark geworden sind. 80 Kürbissorten bauen die Schreyers an. Und zu diesem Gemüse hat Gerlinde eine besondere Beziehung. Sie macht nicht nur Kürbis-Chutney, Kürbiskernpesto und Kürbiskuchen für ihren Hofladen daraus, sondern freut sich jeden Tag daran: „Wenn ich sehe, wie sich die Früchte entwickeln und wachsen – das ist wunderschön!"

In der vierten Generation führen Gerlinde und Heiner ihren Ackerbaubetrieb in Atting, nahe Straubing. Mitten im Gäuboden, der Kornkammer Bayerns, wie man die Gegend hier nennt. Der Boden gibt viel her; er bietet gute Nahrung für Weizen, Kartoffeln, Zuckerrüben und Kürbisse. Genau darauf haben sich die Schreyers spezialisiert. Auf ihren Feldern gedeihen auch so feine Speisekartoffeln wie die erdig schmeckenden Bamberger Hörnchen oder die violetten Sankt Galler Kartoffeln. Bodenständigkeit – das bedeutet im Gäuboden, sich nach der Ernte auszurichten. Wenn der Zeitpunkt dafür gekommen ist und das Wetter mitspielt, müssen die Ackerbauern schnell reagieren. Dann heißt es Vollpower geben: den Mähdrescher manövrieren, bis spät in die Nacht hinein. Dann stiebt und flirrt die Weizenspreu durch die heiße Sommerluft. Erst wenn die Ernte eingebracht ist, entscheidet sich, ob das täglich Brot fürs kommende Jahr gesichert ist. Und beim Ernten der Kartoffeln und Kürbisse ist die Mühe, die sich die Bauern das ganze Jahr über machen, mit jeder Frucht buchstäblich mit Händen zu greifen.

»Das, was ich selber ernte, auf dem Teller zu haben – das erfüllt mich mit Freude und Glück!«

Fingerspitzengefühl – das beweist Gerlinde auch beim Kochen. Bei den Schreyers wird jeden Tag frisch aufgetischt; die Töchter Eva, Helena und Hannah schauen sich von der Mutter ab, wie's geht, und helfen vor allem in den Ferien schon selber tüchtig mit. Wenn Gerlinde kocht, schöpft sie aus dem Vollen: Die meisten Zutaten, die sie braucht, wachsen direkt vor der Haustür; die Kräuter erntet sie im üppigen Garten. Gerlinde kocht viel mit Erfahrung und Gefühl – den richtigen Garpunkt prüfen, Gemüse in der Pfanne wenden ist für sie, ganz nach alter Schule, noch richtige Handarbeit: „Ich mag es, beim Kochen die Dinge zu berühren", sagt sie.

Ein gutes Händchen beweist sie auch für Menschen. Ihre Kreativität, ihre Freude am Kommunizieren lebt sie im hofeigenen Café aus, in einem liebevoll dekorierten, lichten historischen Gewölbebau. Dort ist nicht nur der Hofladen untergebracht mit Gerlindes hausgemachten Spezialitäten, dort finden auch Führungen, Vorträge, zünftige Brotzeiten und kulinarische Empfänge statt, die sie als staatlich geprüfte Erlebnisbäuerin veranstaltet – für Schulklassen, Geburtstagsfeiern, Firmen oder Vereine. Den Gäuboden anderen schmackhaft zu machen – das, sagt Gerlinde: „g'freit mi"!

Ein kerniges Pesto mit Kräutern
aus dem Garten – für alle, die es gerne
nussig mögen

Frischkäse-Terrine

mit Tomatensugo, Kürbiskernpesto und Kartoffelbrötchen

Zutaten für 10–12 Personen

Für Sugo und Terrine:
10 Blatt Gelatine
400 g Tomaten
Salz · Pfeffer aus der Mühle
2 EL Roh-Rohrzucker
1 TL Kräutersalz
2 EL Apfelessig
150 ml naturtrüber Apfelsaft
300 g Doppelrahmfrischkäse
150 g Sahne

Für das Pesto:
50 g Kürbiskerne
1 Bund Kräuter (z. B. Basilikum, Petersilie, Rucola)
1 zerdrückte Knoblauchzehe
je 5 EL Olivenöl und Kürbiskernöl
Salz · Pfeffer aus der Mühle
40 g Parmesan
1 EL Zitronensaft

Für die Brötchen:
200 g Dinkelvollkornmehl
600 g Weizenmehl
200 g gegarte, durchgepresste Kartoffeln (abgekühlt)
1 Würfel frische Hefe (42 g)
2 TL Meersalz
5 EL Olivenöl

Zum Garnieren:
50 g Kürbiskerne
bunte Cocktailtomaten
Salatblätter
essbare Blüten

1. Für Sugo und Terrine die Gelatine in kaltem Wasser einweichen. Die Tomaten kreuzweise einritzen, überbrühen, häuten und klein schneiden. Eine Tasse gehäutete Tomaten in einem Topf erhitzen und 5 Blatt eingeweichte und abgetropfte Gelatine unter Rühren darin auflösen. Die restlichen Tomatenstücke dazugeben. Mit Salz, Pfeffer, Zucker, Kräutersalz und Essig würzen.

2. Den Apfelsaft erhitzen und die restliche Gelatine unter Rühren darin auflösen. Etwas abkühlen lassen. Den Frischkäse unterrühren. Die Sahne steif schlagen und unterheben. Eine Terrinenform mit Frischhaltefolie auslegen. Die Masse einfüllen, glatt streichen und zugedeckt im Kühlschrank mindestens 3 Stunden fest werden lassen. Den Tomatensugo daraufgeben und im Kühlschrank fest werden lassen.

3. Für das Pesto die Kürbiskerne in einer Pfanne ohne Fett rösten und abkühlen lassen. Im Mixer fein mahlen. Die Kräuter waschen, trocken schütteln, ebenfalls in den Mixer geben und fein hacken. Den Knoblauch schälen, andrücken und dazugeben. Beide Sorten Öl untermixen. Das Pesto mit Salz, Pfeffer, Parmesan und Zitronensaft würzen.

4. Für die Brötchen beide Mehlsorten in eine Schüssel geben. Die Kartoffeln dazugeben, die Hefe zerbröckeln und hinzufügen. Meersalz, Olivenöl und 280 ml lauwarmes Wasser dazugeben. Die Zutaten im Mixer oder in der Küchenmaschine zu einem Brötchenteig verarbeiten. Sollte der Teig zu feucht sein, noch etwas Mehl hinzufügen. Den Teig zugedeckt an einem warmen Ort gehen lassen, bis sich sein Volumen verdoppelt hat.

5. Den Backofen auf 200 °C vorheizen. Vom aufgegangenen Teig mit einer Teigkarte 10 Portionen abstechen und zu runden Brötchen formen. Auf ein mit Backpapier belegtes Backblech setzen und im Ofen auf der mittleren Schiene etwa 25 Minuten backen.

6. Die Terrine mithilfe der Folie aus der Form heben und vorsichtig auf eine Platte stürzen. In Scheiben schneiden, auf Teller verteilen und mit dem Pesto anrichten. Mit den Kürbiskernen, bunten Cocktailtomaten, Salatblättern und Blüten garnieren.

Mein Tipp

Kräftige mediterrane Kräuter wie Salbei oder Thymian eignen sich zum Mitkochen, sie vertragen Hitze gut – man sollte sie jedoch sparsam verwenden! Kräuter mit vielen flüchtigen ätherischen Ölen wie Rosmarin streut man am besten zuletzt frisch darüber.

Gefüllte Puten-Röllchen

mit Sommergemüse und Kartoffeltalern an Kürbis-Chutney

Zutaten für 4 Personen

Für das Gemüse:
je 1 rote und gelbe Paprikaschote
2 Knoblauchzehen
2 TL gehackter Thymian
1 TL gehackter Rosmarin
Saft von 1 Zitrone
100 ml Gemüsebrühe
8 EL Olivenöl
Salz · Chilisalz
Pfeffer aus der Mühle
1/2 kleine Zucchini
1/2 kleiner Hokkaidokürbis
1 TL Sesamsamen
4 EL Rapsöl
2 blaue Kartoffeln (z. B. St. Galler)
Meersalz · Chili aus der Mühle

Für die Kartoffeltaler:
500 g mehligkochende Kartoffeln
1 EL Butter
1 Bund Kräuter (gehackt)
Salz · Pfeffer aus der Mühle
frisch geriebene Muskatnuss
Mehl für die Arbeitsfläche
100 g Mehl · 1 Ei
Fett zum Ausbacken

Für die Puten-Röllchen:
4 dünne Putenschnitzel
Salz · Pfeffer aus der Mühle
2 Knoblauchzehen
1 TL gehackter Thymian
4 EL Olivenöl
4 Scheiben Landschinken
150 g Büffelmozzarella
8 Salbeiblätter
4 EL Butter
200 g Sahne
2 EL Kürbis-Chutney (siehe S. 104)

1. Für das Gemüse den Backofen auf 200 °C vorheizen, die Paprikaschoten längs halbieren, entkernen und waschen. Mit der Schnittfläche nach unten auf ein Backblech legen und im Ofen auf der mittleren Schiene etwa 20 Minuten garen, bis die Haut Blasen wirft. Herausnehmen und sofort mit einem feuchten Geschirrtuch zudecken. Abkühlen lassen und häuten, einmal durchschneiden und in eine flache Auflaufform legen. Den Knoblauch schälen, durch die Knoblauchpresse drücken, mit Kräutern, Zitronensaft, Brühe, Olivenöl, Salz, Chilisalz und Pfeffer verrühren. Über die Paprikaschoten gießen. 3 bis 4 Stunden marinieren.

2. Für die Kartoffeltaler die Kartoffeln 25 bis 30 Minuten weich garen. Inzwischen die Butter in einer Pfanne erhitzen und die Kräuter darin andünsten. Etwas abkühlen lassen und mit Salz, Pfeffer und Muskatnuss würzen. Die Kartoffeln pellen und heiß durch die Kartoffelpresse auf die bemehlte Arbeitsfläche drücken. Mit Mehl, Ei, der Kräuterbutter, Salz und Pfeffer zu einem Teig verkneten und diesen auf der bemehlten Arbeitsfläche zu einem 1 cm dicken Rechteck ausrollen. Daraus runde Plätzchen ausstechen und beiseitestellen.

3. Für die Puten-Röllchen den Backofen auf 120 °C vorheizen. Die Putenschnitzel in einen Gefrierbeutel legen und flach klopfen. Mit Salz und Pfeffer würzen. Den Knoblauch schälen, durch die Knoblauchpresse drücken, mit Thymian und Olivenöl mischen und auf die Schnitzel streichen. Den Schinken darauflegen. Den Mozzarella in Scheiben schneiden, den Salbei waschen und trocken tupfen. Beides abwechselnd auf die Schnitzel legen, die Schnitzel aufrollen und mit Holzspießen fixieren.

4. Die Butter in einer Pfanne erhitzen und die Röllchen darin bei starker Hitze rundum knusprig anbraten. Herausnehmen, auf eine ofenfeste Platte legen und im Ofen etwa 15 Minuten gar ziehen lassen. Den Bratensatz in der Pfanne mit der Sahne ablöschen und einkochen. Mit Kürbis-Chutney, Salz und Pfeffer abschmecken. Die Kartoffelplätzchen in einer zweiten Pfanne in Fett auf beiden Seiten goldgelb ausbacken.

5. Die Zucchini waschen und schräg in 4 Scheiben schneiden. Den Kürbis waschen, entkernen und in Spalten schneiden, mit Salz, Pfeffer und Sesam bestreuen. Beide Gemüse in 2 EL Rapsöl rundum leicht anbraten. Die Kartoffeln gründlich waschen und mit der Schale in 8 Scheiben schneiden. Mit Salz, Pfeffer und Chili würzen und in einer Pfanne im restlichen Rapsöl kross braten. Im Backofen bei 120 °C warm halten. Zum Servieren das Gemüse auf Tellern auftürmen und mit einem Holzspieß fixieren. Die Puten-Röllchen und die Kartoffeltaler daneben anrichten.

Luftig, leicht und erfrischend –
so muss der Sommer schmecken!

Beeren-Tarte

mit Basilikum-Mousse

Zutaten für 1 Springform (26 cm Durchmesser):

Für den Tarteboden:
150 g Butterkekse (zerkrümelt)
25 g Zucker
1/4 TL Zimtpulver
1/4 TL Nelkenpulver
75 g zerlassene Butter

Für den Belag:
1 Bio-Zitrone
450 g Frischkäse
190 g Zucker
200 g Mascarpone
15 g Speisestärke
4 Eier
Salz
4 Blatt Gelatine
600 g Erdbeeren, Heidelbeeren, Himbeeren und Brombeeren
30 ml Erdbeersaft
Saft und abgeriebene Schale von 1 Bio-Limette

Für die Basilikum-Mousse:
2 Blatt weiße Gelatine
1 Bio-Limette
50 g Puderzucker
70 g Speisequark (20 % Fett)
100 g Naturjoghurt
8 Basilikumblätter
2 sehr frische Eiweiß
Salz

1. Am Vortag für den Tarteboden den Backofen auf 175 °C Umluft vorheizen und die Springform mit Backpapier auslegen. Die Keksbrösel mit Zucker, Zimt, Nelkenpulver und Butter vermischen. Auf dem Boden der Springform verteilen und gut andrücken. Im Ofen auf der mittleren Schiene etwa 10 Minuten backen, herausnehmen und in der Form abkühlen lassen.

2. Für den Belag die Zitrone heiß waschen und trocken reiben, die Schale abreiben und den Saft auspressen. Den Frischkäse mit 140 g Zucker verrühren, bis der Zucker sich aufgelöst hat. Den Mascarpone und die Speisestärke unterrühren. Nach und nach Eier, Zitronenschale, -saft und 1 Prise Salz hinzufügen. Die Creme auf dem Keksboden verteilen. Auf der mittleren Schiene 50 bis 60 Minuten backen, falls nötig, gegen Ende der Backzeit mit Alufolie bedecken. Den Ofen ausschalten und die Tarte darin 1 Stunde ruhen lassen. Herausnehmen und in der Form auskühlen lassen. Zugedeckt über Nacht in den Kühlschrank stellen.

3. Am nächsten Tag die Gelatine in kaltem Wasser einweichen. Die Erdbeeren waschen, putzen, trocken tupfen und halbieren. Die restlichen Beeren verlesen, waschen und trocken tupfen. Die Hälfte der Beeren in einem Topf mit dem restlichen Zucker und dem Erdbeersaft unter ständigem Rühren etwa 3 Minuten köcheln lassen. Limettensaft und -schale dazugeben. Die Gelatine ausdrücken und unter Rühren in der Mischung auflösen. Die Beerenmasse etwas abkühlen lassen. Die restlichen Beeren hinzufügen, die Masse auf der Tarte verteilen und im Kühlschrank mindestens 3 Stunden fest werden lassen.

4. Für die Basilikum-Mousse die Gelatine in kaltem Wasser einweichen. Die Limette heiß waschen und trocken reiben, die Schale abreiben und den Saft auspressen, beides mit der Hälfte des Puderzuckers verrühren und erwärmen. Die Gelatine ausdrücken und unter Rühren im warmen Limettensirup auflösen. Quark, Joghurt und Basilikum dazugeben und alles kurz aufmixen. Die Eiweiße mit 1 Prise Salz und dem restlichen Puderzucker zu steifem Schnee schlagen und unterheben. Die Mousse in einer flachen Schüssel zugedeckt im Kühlschrank 3 bis 4 Stunden fest werden lassen.

5. Die Tarte in Stücke schneiden und auf Teller verteilen. Die Mousse zu Nocken abstechen und daneben anrichten. Nach Belieben mit Beeren und Basilikum garnieren und servieren.

Niederbayrische Knödel

vom Kürbishof

Zutaten für 4 Personen

Für die Knödel:
200 g Semmeln vom Vortag
100 g Sahne · 1 kleine rote Zwiebel · 2 EL Butter · 1 EL Petersilie (ghackt) · 200 g Hokkaido-Kürbisfleisch · Salz · Pfeffer aus der Mühle · 1 EL Chiliflocken · 1 Ei
100 g geriebener würziger Käse
frisch geriebene Muskatnuss
evtl. 3–4 EL Mehl · Parmesan (am Stück) · 1 EL Kürbiskernöl

Für die Sauce:
1 Zwiebel · 1 Knoblauchzehe
3 EL Öl · 3 EL Mehl · 1/2 l kalte Gemüsebrühe · 200 g Sahne · Salz
Pfeffer aus der Mühle · geriebene Muskatnuss · 2 EL Petersilie

Für den Salat:
4 Portionen Salat nach Saison (Feldsalat, Lollo rosso, Chicorée, Kopfsalat) · 3 EL milder Essig
1 EL Honig · 2 TL süßer Senf
1 TL Aprikosenfruchtaufstrich
1 TL Salz · 2 EL Orangensaft
2 EL Olivenöl · 2 EL Kürbiskerne

1. Für die Knödel die Semmeln klein schneiden und in eine Schüssel geben. Die Sahne mit 100 ml Wasser erwärmen und darübergießen, die Semmeln einweichen. Die Zwiebel schälen und in kleine Würfel schneiden. In 1 EL Butter andünsten. Die Petersilie dazugeben und alles unter die Knödelmasse mischen.

2. Das Kürbisfleisch in 1/2 cm große Würfel schneiden und in der restlichen Butter kurz weich dünsten. Mit 1 Prise Salz, Pfeffer und den Chiliflocken würzen. Kürbis, Ei, geriebenen Käse und 1 Prise Muskatnuss zum Knödelteig geben. Die Masse kräftig durchmischen. Sollte sie zu feucht sein, 3 bis 4 EL Mehl unterrühren.

3. Mit feuchten Händen 5 bis 6 Knödel formen und in siedendem Wasser 15 Minuten gar ziehen lassen.

4. Inzwischen für die Sauce Zwiebel und Knoblauch schälen, die Zwiebel in kleine Würfel schneiden, den Knoblauch durch die Knoblauchpresse drücken. Beides im Öl kurz andünsten, das Mehl dazugeben und anschwitzen. Vom Herd nehmen und die kalte Brühe und die Sahne nach und nach unter Rühren dazugießen, bis eine sämige Sauce entstanden ist. Mit Salz, Pfeffer und Muskatnuss würzen und leicht aufköcheln lassen, die klein gehackte Petersilie unterrühren.

5. Für den Salat den Salat putzen, waschen, trocken schütteln und in Stücke zupfen. Alle Zutaten für das Dressing cremig rühren. Den Salat mit dem Dressing marinieren und mit den Kürbiskernen bestreuen.

6. Die Knödel auf Tellern anrichten, etwas Parmesan darüberhobeln und mit Kürbiskernöl beträufeln. Mit der Sauce und dem Salat servieren.

Kürbis-Chutney

1 mittelgroßen Hokkaido-Kürbis, 3 große Zwiebeln, 300 g Tomaten und 200 g Äpfel putzen, schälen bzw. waschen und würfeln. 1/2 scharfe Peperoni zerkleinern. Alles mit 3 Scheiben fein gewürfeltem Ingwer, abgeriebener Schale und Saft von 1 Bio-Zitrone und 125 g Rosinen im Topf erhitzen. 300 ml Apfelessig dazugeben. Bei schwacher Hitze unter Rühren mindestens 20 Minuten köcheln lassen. Dann 50 g Gelier- und 100 g Rohrzucker, 1 EL getr. Thymian, 1 EL Meersalz, je 1/4 TL Zimt- und Nelkenpulver, 1 TL Cayennepfeffer, je 1 EL Curry- und Paprikapulver und 1 TL Pfeffer aus der Mühle einrühren. Das Chutney aufkochen und bei sehr schwacher Hitze etwa 25 Minuten kochen, bis sich der Zucker vollständig auflöst und das Chutney eindickt. Vom Herd nehmen und sofort in saubere Gläser füllen. Gut verschließen. Kühl aufbewahrt, ist es etwa 2 Jahre haltbar.

Schreyers Kürbiscremesuppe
vom Muscat de Provence

Zutaten für 4 Personen

750 g Kürbisfleisch (z. B. Muscat de Provence)
1 Zwiebel
2 Knoblauchzehen
1 EL Rapsöl
1 cm geriebener Ingwer
3/4 –1 l Gemüsebrühe
1 Rosmarinzweig
Salz · Pfeffer aus der Mühle
je 1 TL Paprika- und Currypulver
2–3 EL Sahne
1 EL Tomatenmark
1 EL Steirisches Kürbiskernöl

1. Das Kürbisfleisch in Spalten und dann in 1 cm große Würfel schneiden. Die Zwiebel schälen und ebenfalls in 1 cm große Würfel schneiden. Den Knoblauch schälen und durch die Knoblauchpresse drücken. Das Öl in einem Topf erhitzen und die Zwiebel und den Knoblauch darin andünsten.

2. Den geriebenen Ingwer dazugeben, die Kürbiswürfel untermischen und mit der Brühe aufgießen. Den Rosmarin dazugeben und das Ganze bei schwacher Hitze etwa 20 Minuten köcheln lassen. Die Suppe mit Salz, Pfeffer, Paprika- und Currypulver würzen. Den Rosmarinzweig herausnehmen. Die Suppe mit dem Stabmixer sehr fein pürieren und zum Schluss die Sahne und das Tomatenmark unterrühren.

3. Die Suppe auf vier Teller verteilen und mit etwas Kürbiskernöl beträufeln.

Mein Tipp:
Als Einlage schmecken gehobelter Parmesan, geröstete Kürbiskerne, Brot- oder Brezen-Croûtons. Auch 1 Klecks Sahne passt dazu.

Tiramisu Gäuboden-Art
mit Kürbis

Zutaten für 4 Personen

Für das Kompott:
200 g Kürbisfleisch (z. B. Muscat de Provence)
3 säuerliche Äpfel
125 ml Apfelsaft
125 ml Weißwein
3 EL Zucker
Zimtpulver
Saft von 1/2 Zitrone
2 EL Rum

Für die Creme:
400 g Löffelbiskuits
150 ml Apfelsaft
400 g Quark (20 oder 40 % Fett)
400 g Doppelrahmfrischkäse
200 ml Espresso
80 g Puderzucker
4 EL Amaretto
Kakaopulver zum Bestäuben

1. Für das Kompott das Kürbisfleisch in kleine Würfel schneiden. Die Äpfel schälen, entkernen, klein schneiden und mit den Kürbiswürfeln in einen Topf geben. Apfelsaft, Wein, Zucker, 1 Prise Zimt, Zitronensaft und Rum dazugeben und alles vermischen. Äpfel und Kürbis etwa 20 Minuten weich garen. Das heiße Kompott leicht zerdrücken und abkühlen lassen.

2. Für die Creme die Löffelbiskuits mit Apfelsaft beträufeln. Quark und Frischkäse glatt rühren. Espresso, Puderzucker und den Amaretto untermischen. Eine Schicht Löffelbiskuits in einer eckigen Form verteilen, etwas Creme darauf verstreichen und etwas Kompott darauf verteilen. Weiterschichten, bis alle Zutaten aufgebraucht sind. Mit Kakaopulver bestäuben.

Mein Tipp:
Wenn Sie das Tiramisu am Vortag machen, kann es durchziehen und schmeckt besonders gut.

Milch und Sahne für hausgemachten Kuchen und Torten: Im „Stoi-Café“ der Thalhammers können die Gäste direkt in den Laufstall schauen. Da lernen Kinder und Familien auf Du und Du mit Kälbchen und Kuh, wie köstlich selbst gemachte Butter schmeckt – und dass die Milch nicht aus der Tüte kommt.

Manuela Thalhammer

Sie liebt das Backen. Und ihr Leben als Bäuerin. Im hofeigenen Stall-Café kann sie beides aufs Schönste verbinden.

Als Manuela ihren Josef kennenlernte, änderte sich ihr Leben grundlegend: Sie hängte ihren Beruf als Bürokauffrau an den Nagel, um Bäuerin zu werden, und eröffnete schließlich sogar ein eigenes Café: das „Stoi-Café" auf dem Hof der Thalhammers, im ersten Stock über dem Laufstall, mit Blick auf Milchkühe und Kälbchen. Durch breite Fenster hindurch schauen die Gäste dort bei Kaffee und Kuchen direkt in den Stall. Und auf das Melkkarussell, in dem die Kühe die Milch für den Rahm geben, den Manuela braucht, um die Kuchen für ihre Gäste zu backen: Tiramisu-Torte zum Beispiel oder Schwarzwälder Roulade.

»Kuchen backen und in der Küche stehen – das mach ich für mein Leben gern!«

Backen lernte Manuela schon als Mädchen von ihrer Mutter. „Eine große Küche war schon damals mein Traum", erzählt sie. Mit 16 konnte sie bereits richtig gute Torten backen – und als der Josef spitzkriegte, wie gut ihre Schwarzwälder Roulade schmeckt, kam er noch öfter zu Besuch zu ihr und den Eltern. Anstatt sonntags ins Kino zu gehen, wie andere das in diesem Alter tun, besuchte Manuela ihren Josef auf dem Hof seiner Eltern, zog sich die Stallkleidung über und half ihm beim Füttern und Melken. „Das hat mir getaugt", erzählt sie. „Im Büro bin ich immer bloß am Schreibtisch gesessen. Aber im Stall und auf dem Hof, da ist die Arbeit abwechslungsreich und vielseitig. Und nie langweilig!"

So eine Einstellung hilft natürlich, wenn man täglich managen muss, was so ein bäuerlicher Betrieb an Arbeit hergibt: Kochen, Haushalt und Kinder, die Stallarbeit in der Früh und am Abend, die Pflege des Obst- und Gemüsegartens, die Betriebsführung des Hofs – und natürlich: das Stoi-Café.

Bei den Thalhammers packt die ganze Familie mit an: Josef ist für die Feld- und Waldarbeit zuständig, seine Eltern Maria und Otto kümmern sich um die Kälber und helfen beim Füttern. Um den Stall kümmern sich Josef und Manuela, das Café ist Manuelas Ding. Lange hat sie davon geträumt. Musste ein bisserl Geduld aufbringen, bis sie ihren Mann davon überzeugen konnte. Doch als der neue Laufstall für die Kühe geplant wurde, stellte sich heraus, dass im ersten Stock genügend Platz frei sein würde, den Manuela für ein Café nutzen kann. Sie plante die Inneneinrichtung, suchte Holz für die Tische, Stoffe für Vorhänge und Kissen aus – und entdeckte so ganz nebenbei ihre Liebe zum Dekorieren. Der Hof liegt eingebettet in Wiesen und Wälder – da finden sich Heu, Holz und Moos für natürliche Dekorationen in Hülle und Fülle.

Auch beim Kochen mag Manuela es ursprünglich. In ihrer Küche steht ein Ofen nach alter Manier: Darauf kocht und backt sie mit Holz. Schiebt gern einen Schweinsbraten ins Rohr, aber nicht sonntags. Sonntag ist Stoi-Café-Tag. Da schneidet Manuela ihre frisch gebackenen Kuchen und Torten für ihre Gäste auf. Familien und Kinder kommen gerne hierher, aber auch ältere Bauern, die ihren Hof haben aufgeben müssen, weil sich keine Hofnachfolger gefunden haben. Manuela setzt sich gerne zu ihnen dazu und hört ihnen zu, wenn sie von ihrem früheren Leben erzählen, vom Hof, den Kühen, dem eigenen Stall. Im Café sind sie diesem Leben wieder nah.

Mein Tipp

Beim Zuschneiden der Pfannkuchen bleibt immer Teig übrig – daraus bereite ich gerne Pfannkuchensuppe zu. Und wenn es einmal schnellgehen soll, können Sie die Lachsschnitten statt mit Pfannkuchen auch mit Tramezzini-Brot zubereiten.

Lachsschnittchen

auf bayerischen Blattsalaten mit Passionsfruchtdressing

Zutaten für 4 Personen

Für den Teig:
250 g Mehl
1/2 l Milch
3 Eier
Salz
1 Msp. Backpulver
Butter zum Backen

Für die Füllung:
1 Packung Kräuterfrischkäse
30 g Sahne
Salz
weißer Pfeffer aus der Mühle
2–3 TL geraspelter Meerrettich (aus dem Glas)
20 g Wasabipaste (jap. Meerrettich)
1 Handvoll Rucola
200 g Graved Lachs (in Scheiben)

Für die Blattsalate:
1 Aprikose
1 TL Zucker
Salz
1/2 TL Pfeffer aus der Mühle
25 ml Olivenöl
70 ml Passionsfruchtessig
1 TL Dijon-Senf
4 Handvoll gemischte Blattsalate (z. B. Hain-Ampfer, Batavia, Romana, Lollo rosso, Eichblattsalat)
4 Wachteleier
Öl zum Braten

Außerdem:
Orangenfilets und Kapern zum Garnieren

1. Für den Teig Mehl, Milch, Eier, 1 Prise Salz und das Backpulver in einer Schüssel glatt rühren. Etwas Butter in einer Pfanne erhitzen und aus dem Teig nacheinander 3 bis 4 mm dicke Pfannkuchen backen, herausnehmen und auskühlen lassen. Die Pfannkuchen aufeinanderlegen und zu einem ordentlichen Rechteck schneiden. Die Pfannkuchenrechtecke wieder nebeneinanderlegen.

2. Für die Füllung den Kräuterfrischkäse mit der Sahne glatt rühren und mit Salz und weißem Pfeffer abschmecken. Die Creme halbieren und in eine Hälfte den Meerettich einrühren. Die zweite Hälfte mit der Wasabipaste verrühren. Den Rucola verlesen, waschen und trocken schütteln, die Blätter klein zupfen.

3. Etwas Wasabifrischkäse auf 1 Pfannkuchenrechteck streichen und mit Lachs belegen. 1 Pfannkuchenrechteck darauflegen. Den Meerrettichfrischkäse daraufstreichen und mit etwas Rucola belegen. 1 Pfannkuchenrechteck auflegen und mit Wasabifrischkäse bestreichen. Mit Lachs belegen. Wieder 1 Pfannkuchenrechteck auflegen und dieses mit Meerrettichfrischkäse bestreichen.

4. Für die Blattsalate die Aprikose waschen, entsteinen und in kleine Würfel schneiden. Mit dem Zucker, 1 TL Salz, dem Pfeffer, dem Olivenöl, dem Passionsfruchtessig und dem Senf mit dem Stabmixer pürieren. Die Salate putzen, waschen und trocken schleudern. Mit dem Dressing marinieren. Die Wachteleier aufschlagen, das Öl in einer Pfanne erhitzen und die Eier darin zu Spiegeleiern braten.

5. Die Lachsschnitte diagonal in 4 Dreiecke schneiden und mit den Blattsalaten und je 1 Wachtelei auf Tellern anrichten. Mit Orangenfilets und Kapern garnieren.

Rinderroulade

mit Kartoffel-Lauch-Püree und Gemüsewürfeln

Zutaten für 4 Personen

Für die Rouladen:
1/2 Zwiebel · 2 Karotten
75 g Knollensellerie
150 g Essiggurken
150 g durchwachsener Räucherspeck
4 Rinderrouladen
mittelscharfer Senf
Öl zum Anbraten
Salz · Pfeffer aus der Mühle

Für die Sauce:
150 ml Rotwein
1 Zwiebel · 1 Karotte
1 Stück Knollensellerie
etwas Puderzucker
1 EL Tomatenmark
1/2 l Geflügelfond
1 Lorbeerblatt
Salz · Pfeffer aus der Mühle

Für das Kartoffel-Lauch-Püree:
1 kg mehligkochende Kartoffeln
1 Stange Lauch
Salz
60 g Butter
1/4–1/2 l heiße Milch
frisch geriebene Muskatnuss

Für die Gemüsewürfel:
1 Zwiebel
4 Karotten
1 Petersilienwurzel
1 Pastinake
1 Stück Knollensellerie
Olivenöl zum Anbraten
50 ml Geflügelfond
Salz · Pfeffer aus der Mühle
etwas Petersilie (gehackt)

1. Für die Rouladen die halbe Zwiebel schälen. Die Karotten und den Sellerie putzen und schälen. Die halbe Zwiebel, 1 Karotte und den Sellerie in feine Würfel schneiden. Die Essiggurken sehr klein schneiden. Die übrige Karotte in 8 gleich große Stifte schneiden. Den Speck in kleine Würfel schneiden. Eine große Pfanne erhitzen und den Speck darin anbraten, die Zwiebel dazugeben und ebenfalls anbraten. Wieder herausnehmen. Die Rouladen mit dem Senf bestreichen, den Speck und die Zwiebel darauf verteilen. Die klein geschnittenen Gemüse und die Essiggurken ebenfalls auf den Rouladen verteilen. Je 2 Karottenstifte auf jede Roulade legen. Die Rouladen aufrollen und mit Küchengarn zusammenbinden. Das Öl in der Pfanne erhitzen und die Rouladen darin rundum kurz anbraten, wieder herausnehmen.

2. Für die Sauce den Rotwein in einem Topf auf die Hälfte einkochen. Die Zwiebel schälen und in feine Würfel schneiden. Karotte und Sellerie putzen, schälen und ebenfalls in Würfel schneiden. Den Puderzucker in einem großen Topf karamellisieren, das Gemüse dazugeben und andünsten. Das Tomatenmark hinzufügen und ebenfalls andünsten. Den Fond und den eingekochten Wein dazugeben. Die Rouladen in die Sauce legen und mit geschlossenem Deckel 2 bis 2 1/2 Stunden weich schmoren. Kurz vor Ende der Garzeit das Lorbeerblatt dazugeben.

3. Für das Püree die Kartoffeln schälen und waschen. Den Lauch putzen, waschen und in Ringe schneiden. Kartoffeln und Lauch in Salzwasser weich garen.

4. Inzwischen für die Gemüsewürfel die Zwiebel schälen, Karotten, Petersilienwurzel, Pastinake und Sellerie putzen und schälen. Alle Gemüse in etwa 3 mm große Würfel schneiden. Das Olivenöl in einem Topf erhitzen und die Zwiebel darin andünsten. Die Gemüsewürfel und den Fond dazugeben. Die Gemüsewürfel zugedeckt etwa 5 Minuten garen. Mit Salz und Pfeffer abschmecken und die gehackte Petersilie unterrühren.

5. Kartoffeln und Lauch abgießen und noch heiß mit einem Kartoffelstampfer zu einem Püree stampfen. Die Butter und die Milch unter Rühren dazugeben. Das Püree mit Salz und Muskatnuss abschmecken.

6. Die Rouladen aus dem Topf nehmen, die Sauce mit dem Stabmixer pürieren und mit Salz und Pfeffer abschmecken. Die Sauce auf Teller verteilen, die Rouladen schräg in Stücke schneiden und auf die Sauce setzen. Das Kartoffel-Lauch-Püree und die Gemüsewürfel daneben anrichten.

Volle Frucht voraus! Maracuja und Co. vereinen sich auf diesem Teller zu einem kleinen Gruß aus den Tropen.

Sommerliches Törtchen

auf Fruchtspiegel

Zutaten für 6 Törtchen

Für den Biskuit:
40 g Mehl
40 g Zucker
40 g Biskuit-Fein (Backregal)
2 Eier

Für die Füllung:
1 Dose Fruchtcocktail (250 g Abtropfgewicht)
2 Päckchen roter Tortenguss
480 ml Maracujasaft
200 g Sahne
1 Päckchen Sahnesteif
1 Packung aranca-Joghurt-Dessert
150 g Naturjoghurt

Für die Verzierung:
1 Dose Pfirsiche (250 g Abtropfgewicht)
brauner Zucker
1 Nektarine
Minze- oder Zitronenmelisseblätter
50 g Schokoguss
6 Kapstachelbeeren

1. Am Vortag für den Biskuit den Backofen auf 180 °C vorheizen. Mehl, Zucker, Biskuit-Fein, die Eier und 40 ml Wasser in einer Schüssel mit den Quirlen des Handrührgeräts oder in der Küchenmaschine 8 Minuten kräftig aufschlagen. Sechs Dessertringe (mit 7 1/2 cm Durchmesser) auf ein mit Backpapier belegtes Blech setzen und den Teig einfüllen. Im Ofen auf der mittleren Schiene etwa 20 Minuten goldgelb backen. In den Ringen auskühlen lassen.

2. Für die Füllung den Fruchtcocktail abgießen, die Früchte in kleine Würfel schneiden und auf den ausgekühlten Biskuitböden verteilen. Den Tortenguss nach Packungsanweisung mit dem Maracujasaft in einem Topf aufkochen und über die Früchte gießen. Die Törtchen kühl stellen, bis der Guss fest geworden ist. Die Sahne mit dem Sahnesteif steif schlagen und gleichmäßig auf den Tortenguss streichen.

3. Das aranca-Joghurt-Dessert in einer Schüssel mit 200 ml kaltem Wasser mit den Quirlen des Handrührgeräts oder in der Küchenmaschine 3 Minuten aufschlagen. Den Joghurt unterrühren und die Mischung auf der Sahneschicht verteilen. Die Törtchen zugedeckt über Nacht kühl stellen.

4. Am nächsten Tag die Törtchen vorsichtig aus den Ringen lösen. Die Pfirsiche aus der Dose mit dem Stabmixer pürieren und mit etwas braunem Zucker süßen. Das Püree als Spiegel auf die Teller gießen und die Törtchen daneben anrichten. Die Nektarine waschen, entkernen und in dünne Spalten schneiden. Die Kräuterblätter waschen und trocken tupfen. Den Schokoguss nach Packungsanweisung schmelzen. Die Törtchen mit Nektarinenspalten, Kräuterblättchen, einigen Linien Schokoguss und je 1 Kapstachelbeere verzieren.

Crespelle mit Hackfüllung

und Gemüsesauce mit Käse überbacken

Zutaten für 4 Personen

Für den Pfannkuchenteig:
2 Eier
110 g Mehl
225 ml Milch
Backpulver
3 EL kohlensäurehaltiges Mineralwasser
2 EL Olivenöl

Für die Füllung:
1 Zwiebel
2 EL Olivenöl
600 g gemischtes Hackfleisch
2 EL Tomatenmark
Salz · Pfeffer aus der Mühle

Für die Gemüsesauce:
300 g Karotten
2 Stangen Lauch
2 Zwiebeln
2 EL Olivenöl
1 EL Mehl
125 ml Rinderbrühe
125 g Sahne
Salz · Pfeffer aus der Mühle

Außerdem:
100 g geriebener Käse

1. Für den Pfannkuchenteig die Eier mit dem Mehl, der Milch und 1 Prise Backpulver verquirlen. Zugedeckt etwa 30 Minuten quellen lassen.

2. Für die Füllung die Zwiebel schälen und in feine Würfel schneiden. In einem Topf das Olivenöl erhitzen und die Zwiebel kurz darin anbraten. Das Hackfleisch dazugeben und bei starker Hitze unter Rühren krümelig braten. Das Tomatenmark hinzufügen und kurz anschwitzen. Das Hackfleisch mit Salz und Pfeffer abschmecken und herausnehmen.

3. Für die Gemüsesauce die Karotten putzen, schälen und in Stifte schneiden. Den Lauch putzen, gründlich waschen und in Ringe schneiden. Die Zwiebeln schälen und in feine Würfel schneiden. Das Olivenöl in einem Topf erhitzen und die Zwiebeln darin glasig dünsten. Die Karottenstifte und die Lauchringe dazugeben und etwa 5 Minuten mitdünsten. Das Gemüse mit dem Mehl bestäuben und kurz anschwitzen. Die Brühe und die Sahne dazugießen und die Sauce etwa 5 Minuten köcheln lassen. Mit Salz und Pfeffer abschmecken.

4. Den Backofen auf 180 °C vorheizen. Das Mineralwasser unter den Pfannkuchenteig rühren. Das Olivenöl in einer Pfanne erhitzen und aus dem Teig nacheinander 3 bis 4 dünne Pfannkuchen backen. Die Hackfleischfüllung gleichmäßig darauf verteilen. Die Pfannkuchen aufrollen und jeden Pfannkuchen in 4 Stücke schneiden. In eine ofenfeste Form setzen. Die Gemüsesauce um die Pfannkuchenrollen herum verteilen. Den geriebenen Käse daraufstreuen. Die Crespelle im Ofen auf der mittleren Schiene 20 bis 30 Minuten überbacken.

5. Die Form aus dem Ofen nehmen und die Crespelle auf vier Tellern anrichten. Die Sauce daneben verteilen. Dazu schmeckt Reis oder Baguette.

Kartoffelsuppe
mit geräuchertem Speck

Zutaten für 4 Personen

750 g mehligkochende Kartoffeln
2 Zwiebeln
150 g Räucherspeck
1 EL Olivenöl
1 1/4 l Fleischbrühe
Salz aus der Mühle
1 TL getrockneter Majoran
125 g Sahne
Pfeffer aus der Mühle

1. Die Kartoffeln schälen, waschen und in Würfel schneiden. Die Zwiebeln schälen und in feine Würfel schneiden. Den Räucherspeck ebenfalls in feine Würfel schneiden.

2. Das Olivenöl in einem großen Topf erhitzen. Die Zwiebeln und den Speck dazugeben und bei starker Hitze einige Minuten anbraten. Die Kartoffelwürfel hinzufügen und die Brühe angießen. Mit Salz und Majoran würzen und bei mittlerer Hitze mit geschlossenem Deckel etwa 25 Minuten garen.

3. Die Zutaten im Topf mit dem Stabmixer pürieren. Die Sahne dazugeben, kurz untermixen und die Kartoffelsuppe mit Salz und Pfeffer abschmecken. Auf vier Teller verteilen, nach Belieben in Scheiben geschnittene Wiener Würstchen dazugeben und mit Schnittlauchröllchen oder Petersilie garnieren. Dazu passt Baguette.

Rotwein-Kuchen
à la Stoi-Café

Zutaten für 12 Stücke

6 Eier
300 g weiche Butter
300 g Zucker
2 Päckchen Vanillezucker
Salz
100 g Zartbitterschokolade
400 g Mehl
1 Päckchen Backpulver
200 ml Rotwein
1 TL Zimtpulver
3 TL Kakaopulver
Fett für die Form
Puderzucker zum Bestäuben

1. Die Eier trennen und die Eiweiße zu steifem Schnee schlagen. Den Eischnee zugedeckt kühl stellen. Die Butter in einer großen Schüssel schaumig rühren. Den Zucker, den Vanillezucker und 1 Prise Salz hinzufügen und alle Zutaten schaumig rühren. Die Eigelbe einzeln dazugeben und gründlich unterrühren.

2. Den Backofen auf 175 °C (Umluft) vorheizen. Die Schokolade raspeln. Das Mehl in eine Schüssel sieben und mit dem Backpulver mischen. Die Mehl-Backpulver-Mischung abwechselnd mit dem Rotwein in die Butter-Eigelb-Zucker-Mischung rühren. Die Schokoladenraspel, den Zimt und das Kakaopulver unterrühren. Den Eischnee vorsichtig unterheben. Den Teig in eine gefettete Springform (26 cm Durchmesser) geben und glatt streichen. Den Kuchen im Ofen auf der unteren Schiene etwa 1 Stunde backen.

3. Den Kuchen herausnehmen, abkühlen lassen und den Rand lösen. Mit Puderzucker bestäuben, in Stücke schneiden und servieren.

Oberbayern

Am Fuße der Alpen buchstabiert man seit jeher die großen B: Bier, Barock, Brezen. Die Landschaft hier kommt ja auch wirklich oft wie ein sanft gewölbtes B daher – behaglich und gemütlich. So richtig zum Eintauchen und Sich's-gut-gehen-Lassen!

Blühende Landschaften: Ob droben auf der Alm oder drunten im Tal – in Oberbayern lässt sich's gut leben. Vor allem lässt sich das, was hier wächst und gedeiht, aus vollem Herzen genießen. Und unter freiem Himmel, mit Blick auf Berge und Seen, schmeckt's gleich noch mal so gut!

Auf dem Lockinger Hof im Chiemgau lebt Joanna mit ihrem Lebensgefährten Florian, den beiden Buben und Schwiegereltern. Joanna hatte ursprünglich Betriebswirtschaft studiert. Doch bei einem Besuch auf dem Lockinger Hof wurde ihr klar, was sie wirklich sein möchte: Biobäuerin.

Joanna Kantorowicz

Gutes braucht seine Zeit. Und einen Ort, wo es sein darf, wie es ist – so wie der Lockinger Hof von Joanna und ihrer Familie.

Schwein gehabt! Die Ferkel vom Chiemgauhof Locking haben's gut: Sie dürfen auf die Weide, mit dem Rüssel in der Erde wühlen, Würmer fressen und den Mama-Sauen dabei ständig zwischen die Haxen und vor die Hufe laufen. Die Schwäbisch-Hällischen Landschweine vom Lockinger Hof sind eine Familienherde. Sie bleiben von klein auf beieinander – und überhaupt so, wie sie sind: nicht kastriert, nicht kupiert. Sie tragen Ringelschwänzchen und suhlen sich grunzend in der Sonne. Man könnte sagen: Sie fühlen sich sauwohl.

Zeit und Raum zum Wachsen und Gedeihen haben. Und einen Platz, wo alles so sein darf, wie es ist – das haben auf dem ökologisch betriebenen Lockinger Hof nicht nur die Schweine und die Bressehühner für die Gockelmast. Sondern auch die Familie: Oma Ottilie, genannt Otti, und Opa Florian, die Eltern von Joannas Lebensgefährten Florian. Und Joanna und Florians zwei Buben. Seit Generationen ist der Chiemgauhof in Familienbesitz. Und wie er so daliegt, auf einem Hügel im Voralpenland, umgeben von Nackthafer- und Weizenfeldern, Sauweide und Gockelstall und einem Garten, der nicht nur Kartoffeln und Beeren, sondern auch Aprikosen hervorbringt – da könnte man durchaus versucht sein, den schönen, gewachsenen Ort als eine Idylle zu bezeichnen.

Für Joanna ist er etwas anderes: Der Ort, an dem sie angekommen ist. An dem sie tut, was ihr richtig erscheint: den Kreislauf der Natur unterstützen. So wenig wie möglich eingreifen und das Gedeihen der Pflanzen und Tiere nicht künstlich beschleunigen. „Es einfach halten", nennt sie das. Aber natürlich heißt einfach nicht leicht! Wie bei jeder Bäuerin ist auch Joannas Tag vollgepackt mit Arbeit – zum Beispiel im Büro oder der Vermarktung hofeigener Schmankerln auf dem Hof und in verschiedenen Biomärkten: zum Beispiel das feine Bratgockelfleisch der Bressehühner.

Ursprünglich hatte Joanna Betriebswirtschaft studiert. Dann ging sie auf Weltreise, arbeitete in einem Hotel und in einem Waisenhaus in Guatemala. Doch erst auf dem Jakobsweg wurde ihr klar, was sie wirklich suchte. Sie bewarb sich auf dem Chiemgauhof für ein Praktikum – und blieb.

»Alles so natürlich belassen, wie es ist – das mag ich gern«, sagt Joanna.

Was gut werden soll, braucht eben Zeit: Bis die Fettpölsterchen im Fleisch der Bresse-Gockel voll und g'schmackig sind, vergehen bis zu 20 Wochen. Erst dann werden die Biomastgickerl geschlachtet – und dürfen zuvor ein gutes Leben mit viel Licht und Luft und Stroh und Platz genießen. Auch die Sauen vom Lockinger Hof leben länger als konventionell gehaltene. Nach eineinhalb Jahren ist ihr Fleisch schön würzig und rahmig – da braucht es nicht viel Drumherum. Das beherzigt Joanna beim Kochen. Sie lässt das Fleisch einfach sanft im Ofen garen. Dann deckt sie den Tisch, dekoriert ihn mit Vasen: etwas Nackthafer, etwas frisch geschnittener Weizen. Schön schlicht sieht das aus! Auf dem Herd köchelt derweil der Fond. Joanna zieht ihn aus den Karkassen der Gockel, stundenlang schmurgelt er gemütlich im Topf vor sich hin und wird dabei zu dem, was er ist: pure Essenz. „So viel Arbeit für so wenig Sauce", sagt Joanna, „wie schön!" Und lacht. Wie jemand, der genau weiß: So soll es sein.

Wenn man die Aprikosenkerne mitkocht, verstärkt das den Aprikosengeschmack!

Lockinger Tapas

Schweinefilet mit Röstkartoffeln, Aprikosen-Chutney und Pimientos

Zutaten für 4 Personen

Für das Schweinefilet:
400 g Schweinefilet
Ghee zum Braten
500 g festkochende Kartoffeln

Für das Chutney:
1 kleine Zwiebel
250 g Aprikosen (nicht vollreif, sie sollen einen säuerlichen Geschmack haben)
1 kleine Chilischote
1 EL Öl
100 g Zucker
50 ml Weißweinessig
Salz

Für die Pimientos:
20 Pimientos (milde kleine Paprikaschoten aus Spanien; aus dem gut sortierten Gemüseladen)
Ghee zum Braten
Meersalz

Außerdem:
1/2 Baguette
250 g Geräuchertes bzw. Räucherschinken am Stück

1. Den Backofen auf 80 °C vorheizen. Für das Schweinefilet etwas Ghee in einer Pfanne erhitzen und das Filet darin rundum 3 bis 5 Minuten anbraten. Anschließend im Ofen auf der mittleren Schiene etwa 1 1/2 Stunden garen. (Die Kerntemperatur des Fleisches soll 60 °C betragen.)

2. Inzwischen für das Chutney die Zwiebel schälen und in feine Würfel schneiden. Die Aprikosen waschen, halbieren, entsteinen und klein schneiden. Die Chilischote längs halbieren, entkernen, waschen und in Streifen schneiden.

3. Das Öl in einer Pfanne erhitzen und die Zwiebel darin kurz andünsten. Aprikosen und Chilistreifen in gewünschter Menge hinzufügen und 2 bis 3 Minuten andünsten. Den Zucker dazugeben und kurz karamellisieren, mit dem Essig ablöschen. Das Chutney mit 1 Prise Salz abschmecken und etwa 30 Minuten einköcheln lassen.

4. Die Kartoffeln schälen, waschen und in gleich große Würfel schneiden. In kochendem Salzwasser 5 Minuten blanchieren. Abgießen, abtropfen lassen und trocken tupfen.

5. Etwas Ghee in einer Pfanne erhitzen und die Kartoffelwürfel darin knusprig frittieren. Das Baguette in dünne Scheiben schneiden. Wieder etwas Ghee in einer Pfanne erhitzen und die Baguettescheiben darin kurz knusprig braten.

6. Für die Pimientos die Pimientos waschen und trocken tupfen. Etwas Ghee in einer Pfanne erhitzen und die Pimientos im Ganzen darin anbraten, bis sie weich sind und die Haut langsam dunkel wird. Zum Schluss mit Meersalz würzen.

7. Das Schweinefilet und das Geräucherte in dünne Scheiben schneiden. Die Baguettescheiben mit Chutney bestreichen. Die Tapas in drei Schalen anrichten: die Pimientos, das Geräucherte mit den bestrichenen Baguettescheiben und das Schweinefilet mit den Röstkartoffeln.

Gockelfleisch von frei laufenden Tieren ist besonders zart.

Mein Tipp

Perl-Emmer ist ein Urgetreide und enthält sehr viel Eiweiß und Mineralstoffe. Er ist eine bayerische Alternative zu Reis, da er auch bei uns angebaut wird. Es hat einen nussigen, erdigen Geschmack. Gemahlen nehme ich ihn für Pizzateig und Brot, ganze Körner für Bratlinge.

Les-Bleues-Gockel-Brustfilet

mit Perl-Emmer-Risotto und Perlzwiebel-Jus

Für 4 Personen

Für den Jus:
1 kg Geflügelknochen
ca. 300 g Wurzelgemüse (z. B. Karotten, Petersilienwurzel, Knollensellerie)
2 Zwiebeln
2 EL Tomatenmark
1 Flasche Portwein
2 Flaschen Rotwein
2 Zweige Thymian
2 Zweige Rosmarin
2 Lorbeerblätter
300 g Perlzwiebeln
50 g Zucker

Für den Risotto:
2 Schalotten
Ghee zum Braten
400 g Perl-Emmer
150 ml Weißwein
1 l Geflügelfond
100 g Bergkäse
Salz · Pfeffer aus der Mühle

Für das Brustfilet:
4 Les-Bleues-Gockel-Brustfilets (à ca. 200 g; beim Händler nach Bressehühnern fragen)
Ghee zum Braten
Salz · Pfeffer aus der Mühle

1. Für den Jus den Backofen auf 250 °C vorheizen. Die Geflügelknochen auf dem Backblech ausbreiten und im Ofen etwa 1 Stunde goldbraun rösten. Das Wurzelgemüse und die Zwiebeln (nicht schälen) putzen, waschen, grob schneiden und in einem großen Topf ohne Fett mit dem Tomatenmark kräftig anbraten. Den Portwein und 1 Flasche Rotwein dazugießen. Die Kräuterzweige waschen, trocken tupfen und mit den Lorbeerblättern dazugeben. Die gerösteten Knochen ebenfalls hinzufügen. Alles bei schwacher Hitze etwa 4 Stunden köcheln lassen. Wichtig: Nicht salzen!

2. Inzwischen die Perlzwiebeln schälen. Der Zucker in einem Topf karamellisieren und mit der übrigen Flasche Rotwein aufgießen. Die Perlzwiebeln dazugeben. Die Zwiebeln bei mittlerer Hitze etwa 1 Stunde weich garen. Die Zwiebeln aus dem Sud nehmen und beiseitelegen. Den Sud in den Topf mit der Sauce gießen.

3. Am Ende der Kochzeit den Jus durch ein feines Sieb in einen anderen Topf gießen und bei schwacher Hitze weiter einkochen, bis eine sirupartige Sauce entstanden ist.

4. Für den Risotto die Schalotten schälen und in feine Würfel schneiden. Etwas Ghee in einem Topf erhitzen und die Schalotten darin andünsten. Den Perl-Emmer hinzufügen und kurz andünsten, mit dem Wein ablöschen. Den Emmer-Risotto immer wieder umrühren. Jedes Mal, wenn Flüssigkeit benötigt wird, etwas Geflügelfond dazugießen. Den Vorgang wiederholen, bis das Getreide bissfest ist. Zum Schluss den Bergkäse reiben oder in kleine Würfel schneiden und unter den Emmer-Risotto rühren. Mit Salz und Pfeffer abschmecken.

5. Inzwischen den Backofen auf 150 bis 170 °C vorheizen. Die Gockel-Brustfilets waschen und trocken tupfen. Etwas Ghee in einer Pfanne erhitzen und die Filets darin auf jeder Seite 2 bis 3 Minuten anbraten. Dann im Ofen – je nach Dicke der Filets – 8 bis 10 Minuten fertig garen. Herausnehmen, in Scheiben schneiden, mit Salz und Pfeffer würzen und mit dem Perl-Emmer-Risotto und dem Perlzwiebel-Jus servieren.

Ein Superfood-Eis für innere
und äußere Schönheit!

Avocado-Eis

mit Ananas-Carpaccio und Minz-Zucker

Zutaten für 4 Personen

Für das Eis:
2 reife Avocados (à ca. 150 g)
1 Dose gesüßte Kondensmilch (397 g)
80 ml frisch gepresster Limettensaft
1 Vanilleschote
300 g Sahne

Für das Carpaccio:
1 Ananas

Für den Minz-Zucker:
1 Handvoll Minzeblätter
50 g Zucker

1. Für das Eis die Avocados halbieren und den Stein entfernen. Die Avocadohälften schälen und das Fruchtfleisch grob zerkleinern. Mit der Kondensmilch und dem Limettensaft in eine Schüssel geben und mit dem Stabmixer fein pürieren.

2. Die Vanilleschote längs aufschneiden, das Mark herauskratzen und mit der Sahne in eine Schüssel geben. Die Sahne steif schlagen und unter das Avocadopüree heben. Die Masse in eine mit Frischhaltefolie ausgelegte Kastenform füllen und mit Frischhaltefolie zugedeckt für mehrere Stunden (am besten über Nacht) ins Tiefkühlfach stellen.

3. Für das Carpaccio die Ananas schälen, der Länge nach vierteln und den harten Strunk herausschneiden. Die Ananas in hauchdünne Scheiben schneiden. Für den Minz-Zucker die Minzeblätter mit dem Zucker im Mörser zerdrücken.

4. Das Avocado-Eis aus dem Tiefkühlfach nehmen. Mithilfe der Folie aus der Form heben, vorsichtig stürzen und die Folie entfernen. Zum Anrichten das Ananas-Carpaccio auf Teller verteilen und mit Minz-Zucker bestreuen. Das Avocado-Eis in Scheiben schneiden und daneben anrichten.

Les-Bleues-Gockel

mit glasiertem Wurzelgemüse

Zutaten für 4 Personen

1 Les-Bleues-Gockel (ca. 2 kg, küchenfertig vorbereitet; ersatzweise 1 Brathähnchen)
Meersalz
Pfeffer aus der Mühle
2 Süßkartoffeln
2 Petersilienwurzeln
2 Rote Beten
4 Karotten
2 rote Zwiebeln
3 EL Dijon-Senf
3 EL Ahornsirup
3 EL Olivenöl
ca. 100 g Salzbutter

1. Den Backofen auf 160 °C vorheizen. Den Gockel innen und außen waschen, trocken tupfen und mit reichlich Meersalz und Pfeffer einreiben. In einen Bräter legen und etwas Wasser dazugeben. Den Gockel mit geschlossenem Deckel im Ofen 1 1/2 bis 2 Stunden schmoren. (Ein Brathähnchen braucht etwa die Hälfte der Garzeit.)

2. Inzwischen die Süßkartoffeln, die Petersilienwurzeln, die Roten Beten und die Karotten waschen, schälen und in längliche, gleich dicke Stücke schneiden. Die Zwiebeln schälen und längs vierteln. Alle Gemüsestücke getrennt voneinander in kochendem Salzwasser je etwa 5 Minuten blanchieren und kalt abschrecken.

3. Den Senf, den Ahornsirup und das Olivenöl zu einer Sauce vermischen und mit Salz und Pfeffer abschmecken. Das vorgegarte Gemüse auf einem Backblech verteilen und gleichmäßig mit der Sauce beträufeln.

4. Den Gockel aus dem Ofen nehmen. Für die Garprobe in die dickste Stelle eines Schenkels stechen, dabei muss klarer Saft austreten, und das Fleisch muss sich leicht vom Knochen lösen. Den Ofen auf 200 °C Umluft mit Grillfunktion einstellen. Das Blech mit dem Gemüse auf die unterste Schiene schieben und den Gockel auf ein Ofengitter darüberlegen. Beides 20 bis 30 Minuten grillen, die Gemüse gelegentlich umrühren, den Gockel wenden und mit der Salzbutter bestreichen.

5. Die Flüssigkeit aus dem Bräter in einen Topf gießen und warm halten. Den Gockel portionieren und auf Teller verteilen. Das Gemüse daneben anrichten und die Sauce dazu servieren.

Bauernbrot-Toast

mit Lachstatar, Ei und Mango

Zutaten für 4 Personen

2 Eier
1 Schalotte
2–3 Stiele Koriander
100 g Mango
400 g frisches Lachsfilet
1 Limette
3 EL Sojasauce
1 EL Sesamöl
Meersalz · Pfeffer aus der Mühle
1/2 Bauernbrot (oder 8 Scheiben)

1. Die Eier 9 bis 10 Minuten hart kochen, kalt abschrecken und abkühlen lassen. Pellen und in kleine Würfel schneiden. Die Schalotte schälen und in feine Würfel schneiden. Den Koriander waschen, trocken tupfen und fein hacken. Die Mango schälen, das Fruchtfleisch auf den flachen Seiten vom Stein schneiden und in sehr kleine Würfel schneiden. Das Lachsfilet waschen, trocken tupfen und ebenfalls in sehr feine Würfel schneiden.

2. Eier, Schalotte, Mango und Lachs in einer Schüssel mischen, den Koriander unterrühren. Die Limette auspressen und den Saft mit der Sojasauce und dem Sesamöl mischen. Mit Salz und Pfeffer abschmecken und zur Lachsmischung geben. Alle Zutaten gut verrühren. Das Lachstatar zugedeckt im Kühlschrank 1 Stunde durchziehen lassen.

3. Das Bauernbrot in 8 dünne Scheiben schneiden und toasten. Das Lachstatar auf dem Brot anrichten.

„Alpen"-Cremeschnitten

mit Beeren

Zutaten für 4 Personen

Für den Teig:
125 g Butter · Salz · 170 g Mehl
5 Eier · 1 TL Backpulver

Für die Füllung:
1/2 l Milch · 80 g Mehl 125 g Zucker
2 sehr frische Eigelb · 125 g Butter · Saft von 1/2 Zitrone

Außerdem:
Puderzucker zum Bestäuben
frische Beeren zum Servieren

1. Für den Teig den Backofen auf 180 °C vorheizen. 1/4 l Wasser mit der Butter und 1 Prise Salz in einem Topf aufkochen. Das Mehl auf einmal hinzufügen und kräftig rühren, bis sich ein Teigkloß gebildet hat. Abkühlen lassen und in eine Schüssel geben.

2. Die Eier und das Backpulver dazugeben und mit den Quirlen des Handrührgeräts untermischen. Den Teig auf einem Backblech verteilen und glatt streichen. Im Ofen auf der mittleren Schiene 20 Minuten backen, bis er aufgegangen und goldbraun ist.

3. Für die Füllung etwas Milch abnehmen und mit dem Mehl verrühren, damit sich keine Klümpchen bilden. Die restliche Milch mit dem Zucker aufkochen. Die Milch-Mehl-Mischung unter ständigem Rühren hinzufügen. Abkühlen lassen.

4. Die Eigelbe mit der Butter glatt rühren und die abgekühlte Milch-Mehl-Mischung hinzufügen. Die Creme mit etwas Zitronensaft abschmecken und zugedeckt kühl stellen.

5. Den Teig in der Mitte durchschneiden. Eine Hälfte mit der Creme bestreichen und die andere Hälfte daraufsetzen. Mit Puderzucker bestäuben und in 4 Streifen schneiden. Mit frischen Beeren servieren.

Im Hofladen auf dem Boarhof hängt ein Schild: „Perfektion ist nicht erreicht, wenn man nichts mehr hinzufügen, sondern wenn man nichts mehr weglassen kann“. Die Bogners betreiben in Bad Wiessee eine Kleinstlandwirtschaft – inmitten einer bunten Gesellschaft aus Tieren und Pflanzen.

Maria Bogner

Einfach gut leben – davon träumte Maria lange Zeit. Auf dem Boarhof am Tegernsee wurde ihr Traum schließlich wahr.

„Brot, Käse, Eier", steht auf der Tafel am Eingang des Hofladens. Einfache Dinge – aber so gut, dass die Kunden von weit her kommen zum Hof der Familie Bogner, hoch überm Tegernsee. Rosen ranken sich an den Hauswänden empor, umrahmt von Lavendel, Minze und Thymian. Maria hat die Kräuter mit etwas Schnur locker zusammengebunden, das gibt dem überbordenden Wachstum ein wenig Halt. Hinterm Laden liegt ein Teich; da tummeln sich Enten, tauchen ein ins kühle Nass, tauchen wieder auf, schnattern vor Vergnügen und schütteln ihr Gefieder. Idyllisch wirkt das, fast ein wenig bilderbuchmäßig. Aber sich allein mit der Idylle zu begnügen wäre zu wenig, interessant wird es, wenn man hinter dieses Bild sieht, sagt Maria. „Eine gute Arbeit an einem guten Platz!" Maria und Markus sind Selbstversorger. Sie ernähren sich und ihre Kinder Anna, Sophia und Marinus fast vollständig von dem, was auf dem Hof wächst und gedeiht.

»Bei uns ist nichts perfekt«, sagt Maria. »Aber lebendig!«

Selbstversorger – so nennt man diese Art Landwirtschaft heute. Ein modernes Etikett für eine uralte G'schicht: Von dem zu leben, was der Hof hervorbringt – das haben Bauern jahrtausendelang getan. Die Bogners backen ihr Brot selbst, teilweise aus hofeigenem Getreide. Sie halten Gänse, Enten, Hühner, machen aus den Duroc-Schweinen, die bei ihnen weitgehend im Freien leben, einen g'schmackigen Speck und Wurst. Sie haben auf dem Hofgelände schöne alte Äpfel-, Birnen-, Walnuss- und Haselnussbäume stehen, ernten jede Menge Beeren und Freilandgemüse – und ziehen im selbst gebauten Gewächshaus knackige Gurken und Tomaten. Das ganze Jahr über werden die Bogners von ihrer eigenen Ernte satt. „Wenn ich koche", sagt Maria, „gehe ich raus in den Garten, schaue, was grade wächst – und mach was draus!"

Aus wenigen Dingen etwas machen, mit dem auskommen, was vor der Haustür wächst – das haben die Bogners auf der Schwarzentenn Alm in Kreuth, unweit vom Tegernsee, gelernt. Dort arbeiteten die ausgebildete Steuerfachgehilfin und der Rettungssanitäter drei Sommer lang als Senn und Sennerin. Und fassten dabei den Mut, all dem, was zuvor jahrelang in ihnen rumort hatte, endlich Raum zu geben. Die beiden wollten nachhaltig leben und ausprobieren, ob es möglich sein würde, als Kleinstlandwirte eine Familie mit Kindern zu ernähren. Sie mieteten erst den Hofladen auf dem Boarhof und pachteten schließlich im Jahr 2010 den kompletten Hof mit zehn Hektar Land. Seither wirtschaften die beiden Hand in Hand mit der Natur, inspiriert von den Ideen der Permakultur – einer landwirtschaftlichen Praxis, die sich an natürlichen Kreisläufen orientiert. Was auf dem Hof der Bogners wächst, stammt fast ausschließlich von eigenen Samen.

Sich aufs Wesentliche beschränken – das setzt kreative Energien frei. Auf der Alm, erzählt Maria, machte es ihr einen Riesenspaß, die Augen offen zu halten für das, was dort oben wächst – und dann einfache, gute Dinge daraus zu zaubern. Auf dem Brotzeitteller, den Maria ihren Gästen in der gemütlichen Bauernschank serviert, liegen Lammwürstel und Speck, Tegernseer Käse und Frischkäse mit hofeigenen Kräutern. Maria dekoriert die Teller mit essbaren Blüten und Beeren und reicht dazu wunderbar duftendes Roggenbrot. Nichts, aber auch gar nichts auf diesem Teller möchte man missen. So wie er ist, ist er einfach gut.

Wenn Sie die Zucchiniblüten als Hauptspeise servieren, benötigen Sie 3 bis 5 Blüten pro Person.

Gefüllte Zucchini- und Malvenblüte

auf Blatt-Kräuter-Salat

Zutaten für 4 Personen

Für die Malvenblüten:
50 g gelbe Linsen
50 g rote Linsen
Salz
Chilipulver
1 EL Doppelrahmfrischkäse
8 Minzeblätter
4 Malvenblüten

Für die Zucchiniblüten:
4 Zucchiniblüten (idealerweise an einer kleinen Zucchini)
50 g Kerbel
1 Knoblauchzehe
2 EL scharfer Senf
ca. 1 TL abgeriebene Bio-Zitronenschale
Chilipulver
2–3 EL Sahne und 90 g eiskalte Sahne
ca. 150 g eiskaltes Hähnchenbrustfilet
1–2 EL Semmelbrösel
Salz · Pfeffer aus der Mühle
4 Schnittlauchhalme
Saft von 1 Zitrone
1 TL Honig
ca. 3 EL Olivenöl

Außerdem:
2 Handvoll Blattsalate
1 Handvoll Kräuterblätter (z. B. Zitronenmelisse, Basilikum, Salbei, Kapuzinerkresse)
1 TL brauner Zucker
Salz · Pfeffer aus der Mühle
2 EL Balsamico bianco
2 EL Olivenöl

1. Am Vortag für die Malvenblüten beide Linsensorten mit etwa 120 ml Wasser, Salz und Chilipulver aufkochen und bei schwacher Hitze etwa 10 Minuten quellen lassen. Den Frischkäse in der Linsenmischung unter Rühren schmelzen. Die Minzeblätter waschen, trocken tupfen, sehr fein hacken und unterrühren. Die Mischung über Nacht kühl stellen.

2. Am nächsten Tag für die Zucchiniblüten die Stempel aus den Blüten entfernen. Den Kerbel waschen, sehr gut trocken tupfen und in den Mixer geben. Den Knoblauch schälen und dazugeben. Den Senf, die Zitronenschale, Chilipulver und 2 bis 3 EL Sahne dazugeben und alles fein zerkleinern. Herausnehmen.

3. Das Hähnchenbrustfilet waschen, trocken tupfen, grob würfeln und im Mixer fein zerkleinern, 90 g eiskalte Sahne dazugießen und untermixen. Die Kerbelmischung und die Semmelbrösel dazugeben und alle Zutaten zu einer glatten Farce pürieren. Mit Salz und Pfeffer abschmecken.

4. Die Hähnchenfarce in einen Spritzbeutel füllen und in die Zucchiniblüten spritzen (die Menge reicht für 10 bis 15 Blüten. Aus der restlichen Farce kann man kleine Pflanzerl spritzen und in einer ofenfesten Form im Ofen auf der mittleren Schiene etwa 20 Minuten garen). Jede Blüte mit 1 Schnittlauchhalm zubinden. Den Backofen auf 160 °C vorheizen. Eine ofenfeste Form mit Backpapier auslegen und die gefüllten Zucchiniblüten hineinlegen.

5. Den Zitronensaft mit dem Honig, etwas Salz und Pfeffer sowie dem Olivenöl mit dem Stabmixer gut mixen und auf die Zucchiniblüten streichen. Die Zucchiniblüten im Ofen auf der mittleren Schiene etwa 20 Minuten garen.

6. Die Linsenfüllung zu kleinen Kugeln formen und mittig in die Malvenblüten setzen (restliche Linsencreme anderweitig verwenden, z. B. als Brotaufstrich). Die Blattsalate und die Kräuter waschen, trocken tupfen und mischen. Den Zucker mit 1/4 TL Salz, dem Pfeffer, dem Essig und dem Olivenöl verrühren und den Salat durch das Dressing ziehen. Den Salat auf Teller verteilen und mit je 1 Malven- und Zucchiniblüte anrichten. Nach Belieben mit Aceto balsamico und Gänseblümchen garnieren. Mit Brot servieren.

Eine ungewöhnliche Beilage, die mit einem süßen Kern überrascht

Hirschrouladen

mit
Spätzle und Preiselbeerkrapferl

Zutaten für 4–6 Personen

Für die Sauce:
2 TL Puderzucker
2 EL Tomatenmark · 600 ml Rotwein · 2–3 Zwiebeln · 1 Karotte
100 g Knollensellerie
Öl zum Braten
1/2 TL Pimentkörner
2 Lorbeerblätter
1/2 TL Wacholderbeeren
1 Splitter Zimtrinde
3–4 l Wildfond oder Hühnerbrühe · 2 Streifen Bio-Zitronenschale
1 EL Zartbitter-Schokoladenraspel
2 EL Schwarzes Johannisbeergelee · Salz · Pfeffer aus der Mühle
20 g kalte Butter

Für die Preiselbeerkrapferl:
1 gegarte Kartoffel (ca. 130 g)
30 g weiche Butter
10 g frische Hefe
ca. 130 g Dinkelmehl · 1 Ei
1 Msp. Vanillemark
3 EL lauwarme Milch
Salz · Zucker
ca. 2 EL Preiselbeerkonfitüre
Semmelbrösel
Öl zum Ausbacken

Für die Rouladen:
ca. 300 g junger Spinat · Salz
1 Zweig Rosmarin
6 Hirschrouladen
Pfeffer aus der Mühle
Paprikapulver (edelsüß)
4 EL körniger Senf
12 dünne Scheiben Wammerl (Bauchspeck)
Brombeer-Chutney (siehe S. 136)
Butterschmalz zum Anbraten

1. Für die Sauce am Vortag den Puderzucker in einem Topf karamellisieren. Tomatenmark und Wein dazugeben und sirupartig einkochen. Inzwischen die Zwiebeln schälen, die Karotte und den Sellerie putzen und schälen. Alle Gemüse grob zerkleinern. Das Öl in einer Pfanne erhitzen und die Gemüse darin anbraten. Zum Saucenansatz geben. Die ganzen Gewürze hinzufügen und den Fond oder die Brühe dazugießen. Die Sauce mindestens 2 Stunden sirupartig einkochen. Durch ein Sieb gießen und nochmals mindestens 1 Stunde einkochen.

2. Zitronenschalen, Schokoraspel und Johannisbeergelee untermischen. Mit Salz und Pfeffer abschmecken. Die Butter mit dem Stabmixer einmixen. Nach Belieben mit 2 TL Speisestärke binden. Die Sauce zugedeckt über Nacht stehen lassen.

3. Am nächsten Tag für die Preiselbeerkrapferl die Kartoffel pellen, zerdrücken und mit Butter, Hefe, Mehl, Ei, Vanillemark und Milch sowie je 1 Prise Salz und Zucker zu einem Teig kneten, bis nichts mehr an der Schüssel klebt. Ggf. etwas mehr Mehl unterarbeiten. Den Teig zugedeckt an einem warmen Ort 30 Minuten gehen lassen. Zehn kleine Gläser einfetten und mit Semmelbröseln ausstreuen. Von dem Teig 10 Portionen (à 30 g) abstechen und flach drücken. Etwas Konfitüre in die Mitte geben, den Teig darüber verschließen und mit der Naht nach unten je 1 Teigling in jedes Glas legen. Mindestens 2 Stunden kühl stellen.

4. Für die Rouladen den Spinat putzen, waschen, in Salzwasser blanchieren, eiskalt abschrecken und gut ausdrücken. Den Rosmarin waschen und trocken tupfen, die Nadeln abzupfen und fein hacken. Die Rouladen mit Salz, Pfeffer, Rosmarin und Paprikapulver würzen. Mit Senf bestreichen. Jede Roulade mit 2 Scheiben Wammerl und etwas Spinat belegen. Mit etwas Brombeer-Chutney bestreichen und vorsichtig einrollen. Mit Holzspießchen fixieren. Den Backofen auf 150 °C vorheizen. Die Rouladen in einer Pfanne im Butterschmalz rundum anbraten. Herausnehmen und in einen Bräter legen. Den Bratsatz mit etwas Wasser ablöschen und dazugießen. Die Rouladen im Ofen mit geschlossenem Deckel auf der mittleren Schiene etwa 1 Stunde garen.

5. Reichlich Öl in einem Topf auf etwa 160 °C erhitzen. Die Krapferl auf Schaumlöffel stürzen, vorsichtig in das Öl legen und 4 bis 5 Minuten goldgelb backen. Herausheben und auf Küchenpapier abtropfen lassen. Mit halbierten Rouladen und erwärmter Sauce auf Tellern anrichten. Dazu passen Spätzle und noch etwas Brombeer-Chutney.

Diese herb-säuerlichen Vitamin-C-Bomben sind ein unterschätzter Gast auf unseren Tellern …

Mein Tipp

Die Topfennocken schmecken auch kalt sehr gut. Bei Heumilch handelt es sich um Milch von Kühen, die nur Heu oder frisches Gras zu fressen bekommen – also keine Silage (durch Milchsäuregärung konserviertes Futter). Heumilch ist eine Spezialität unserer Region.

Topfennocken

auf Schwarze-Johannisbeer-Kompott mit Stracciatella-Parfait

Zutaten für 4 Personen

Für das Parfait:
75 g Vollmilchschokolade
75 g Zartbitterschokolade
6 Eigelb
160 g Zucker
Mark von 1 Vanilleschote
700 g Sahne

Für die Brösel:
30 g Butter
120 g Semmelbrösel
1 EL Zucker
Zimtpulver

Für die Topfennocken:
3 Eier
100 g weiche Butter
150 g Zucker
500 g Heumilchtopfen (ersatzweise Topfen oder Speisequark)
1 Msp. Vanillemark
Salz · Rum
abgeriebene Schale von 1 Bio-Zitrone
5–10 EL Dinkelmehl

Für das Kompott:
ca. 500 g Schwarze Johannisbeeren
3 EL brauner Zucker
100 ml Apfelsaft
abgeriebene Schale von 1/2 Bio-Zitrone

1. Für das Stracciatella-Parfait 2 Tage im Voraus die Schokoladen hacken und zusammen über dem heißen Wasserbad unter ständigem Rühren schmelzen. Ein Backblech mit Backpapier belegen, die geschmolzene Schokolade daraufgießen und über Nacht kühl stellen.

2. Am nächsten Tag die Eigelbe mit dem Zucker und dem Vanillemark sehr schaumig rühren. Die Sahne steif schlagen und unterheben. Die Schokolade in kleine Stückchen brechen und unterrühren. Eine Parfait- oder Kastenform mit Frischhaltefolie auslegen und die Mischung hineingießen. Das Parfait über Nacht im Tiefkühlfach gefrieren lassen (dabei in den ersten Stunden zwei- bis dreimal mit einer Gabel durchrühren, damit sich die Schokolade nicht absetzt).

3. Am nächsten Tag für die Brösel die Butter in einer Pfanne erhitzen, bis sie schäumt. Die Semmelbrösel, den Zucker und etwas Zimt untermischen. Zu goldgelben Bröseln braten und abkühlen lassen.

4. Für die Topfennocken die Eier trennen. Die Eigelbe mit der Butter und 80 Zucker schaumig rühren. Den Topfen dazugeben. Mit dem Vanillemark, 1 Prise Salz, 1 Schuss Rum, Zitronenschale und -saft würzen. Die Eiweiße mit dem übrigen Zucker und 1 Prise Salz zu steifem Schnee schlagen und unterheben. Das Mehl einarbeiten. Nur so viel Mehl verwenden, dass der Teig nicht mehr klebt.

5. In einem großen Topf Salzwasser zum Kochen bringen. Aus dem Teig mithilfe von zwei Esslöffeln Nocken formen, in das Wasser legen und bei schwacher Hitze etwa 10 Minuten ziehen lassen.

6. Inzwischen für das Kompott die Johannisbeeren verlesen, waschen und trocken tupfen. Den Zucker in einem Topf karamellisieren. Die Beeren dazugeben, mit Apfelsaft ablöschen und mit Zitronenschale würzen. Nach Belieben mit etwas Speisestärke binden. Die Beeren sollten nicht zerfallen.

7. Die Nocken mit einem Schaumlöffel herausheben, gut abtropfen lassen und in den Zimtbröseln wälzen. Auf vier Dessertteller etwas Beerenkompott geben und die Nocken daraufsetzen, nach Belieben mit Puderzucker bestäuben. Das Parfait aus dem Tiefkühlfach nehmen, mithilfe der Folie herausheben und vorsichtig stürzen. Die Folie entfernen. Das Parfait in Scheiben schneiden und neben dem Beerenkompott und den Nocken anrichten. Nach Belieben mit Himbeersauce, frischen Früchten und Minzeblättern garnieren. Das Dessert sofort servieren.

Gemüsestrudel

mit Joghurt-Dip

Zutaten für 4 Personen

Für den Strudelteig:
100 g Dinkelmehl · 100 g Topfen
80 g Butter · Salz

Für die Füllung:
60 g rote Linsen · Salz · Chilipulver · 1 Zwiebel · 1 Knoblauchzehe
100 g Champignons · 1 EL Öl
100 g junger Spinat (oder Giersch oder Brennnesselblätter)
1 gegarte Kartoffel (ca. 150 g)
3 getrocknete Tomaten
abgeriebene Schale von 1/2 Bio-Zitrone
Pfeffer aus der Mühle
1 TL Paprikapulver (edelsüß)
2 EL Sahne
1 EL Speisestärke · 1 EL Olivenöl

Für den Dip:
200 g Naturjoghurt · 100 g Topfen · Salz · Pfeffer aus der Mühle
1/2 TL Zucker · 1 TL Essig
1 EL Olivenöl
1 Bund Schnittlauch

Außerdem:
Mehl und Semmelbrösel

1. Für den Teig das Mehl, den Topfen, die Butter und 1 Prise Salz mit den Knethaken der Küchenmaschine zu einem elastischen Teig verarbeiten und zugedeckt 30 Minuten kühl stellen.

2. Für die Füllung die Linsen in einem Topf in 100 ml Salzwasser mit 1 Prise Chilipulver 8 Minuten garen. Zwiebel und Knoblauch schälen und in feine Würfel schneiden. Die Champignons putzen und in dünne Scheiben schneiden. Das Öl in einer Pfanne erhitzen. Zwiebel und Knoblauch darin andünsten. Die Pilze dazugeben und kurz mitdünsten. Beiseitestellen. Den Spinat verlesen, waschen und in kochendem Salzwasser blanchieren. Abgießen, kalt abschrecken, gut ausdrücken und grob zerkleinern. Die Kartoffel pellen und in Scheiben schneiden, die Tomaten zerkleinern. Alles in eine Schüssel geben und mit Salz, Pfeffer und Paprikapulver würzen. Die Sahne, die Speisestärke und das Olivenöl unterrühren. Die Füllung abkühlen lassen.

3. Den Backofen auf 160 °C vorheizen. Ein Backpapier mit Mehl bestäuben und den Teig darauf etwa 50 x 30 cm groß ausrollen. Das untere Drittel dünn mit Semmelbröseln bestreuen, die Füllung daraufgeben und das Ganze mithilfe des Backpapiers einrollen. Den Strudel auf ein mit Backpapier belegtes Backblech legen und im Ofen auf der mittleren Schiene etwa 30 Minuten backen.

4. Für den Joghurt-Dip den Joghurt und den Topfen mit Salz, Pfeffer, Zucker, Essig und Olivenöl vermischen. Den Schnittlauch waschen, trocken tupfen und in Röllchen schneiden. Unter den Dip heben.

5. Den Strudel aus dem Ofen nehmen, in Stücke schneiden und mit dem Dip auf Tellern anrichten. Dazu passt Blattsalat.

Brombeer-Chutney

2 rote Zwiebeln schälen und in feine Würfel schneiden. 1 Scheibe Ingwer und 1 Knoblauchzehe schälen und in sehr feine Würfel schneiden. 600 g Brombeeren verlesen, waschen und trocken tupfen. In einer Pfanne 2 EL braunen Zucker karamellisieren. Zwiebel, Ingwer und Knoblauch kurz darin andünsten. Mit 100 ml Apfelbalsamessig ablöschen und die Brombeeren dazugeben. 3 Pimentkörner, 3 Wacholderbeeren, 1/2 TL ganzen Kümmel und 1/4 TL Korianderkörner im Mörser leicht andrücken und untermischen. Mit Salz, Pfeffer und Chilipulver abschmecken. Das Chutney sirupartig einköcheln und heiß in saubere Gläser füllen.

Rote-Bete-Carpaccio
mit mariniertem Feta

Zutaten für 4 Personen

Für das Carpaccio:
1 mittelgroße Rote Bete
1 Karotte

Für die Marinade:
Salz · Pfeffer aus der Mühle · 1 TL Honig
1 TL süßer Senf · 3 EL Essig · 3 EL Olivenöl
1 Handvoll Basilikum oder 1 TL Basilikumpesto

Für den Feta:
200 g Feta (Schafskäse) · 5 getrocknete Aprikosen
1 Handvoll Gartenkräuter (z. B. Minze, Rucola oder Dill) · Chilifäden · Pfeffer aus der Mühle
abgeriebene Schale von 1 Bio-Limette
1 Msp. frisch geriebener Ingwer · 2 EL Olivenöl

1. Für das Carpaccio die Rote Bete waschen, schälen und auf der Schneidemaschine sehr dünn aufschneiden. Die Scheiben in eine Schüssel geben. Die Karotte putzen, schälen und der Länge nach sehr dünn aufschneiden. Beiseitelegen.

2. Für die Marinade 1/4 TL Salz, Pfeffer, Honig, Senf, Essig und Olivenöl im Rührbecher mit dem Stabmixer gründlich mixen. Das gewaschene Basilikum oder das Pesto untermixen. Die Marinade über die Rote-Bete-Scheiben verteilen und etwa 1 Stunde ziehen lassen.

3. Für den Feta den Feta 1 cm groß würfeln. Die Aprikosen fein würfeln. Die Kräuter waschen, trocken tupfen und fein hacken. Die Aprikosen mit den Kräutern, 1 Prise Chilifäden, Pfeffer, der Limettenschale, dem Ingwer und dem Olivenöl vermischen. Über die Käsewürfel träufeln und etwa 1 Stunde ziehen lassen.

4. Die Rote-Bete-Scheiben auf vier Teller verteilen. Mit dem marinierten Feta und den Karottenstreifen anrichten. Mit Brot servieren.

Schokobusserl
mit Früchtekompott

Zutaten für 12 Stücke

Für den Kuchen:
100 g Zartbitterschokolade · 100 g Vollmilchschokolade · 5 Eier · 170 g Zucker · 1 Msp. Vanillemark · Saft von 1 Zitrone · 180 g zimmerwarme Butter · 100 g gemahlene Mandeln · 40 g Speisestärke · Salz · Fett für die Form · 3 EL gehackte Mandeln

Für das Kompott:
ca. 300 g Früchte der Saison (z. B. Rhabarber, Zwetschgen oder Äpfel) · 1 TL Zucker · 50 ml Apfelsaft

1. Für den Kuchen beide Schokosorten hacken und über dem heißen Wasserbad unter Rühren schmelzen. Den Backofen auf 170 °C vorheizen. Die Eier trennen. Eigelbe, Zucker, Vanillemark und Zitronensaft mit den Quirlen des Handrührgeräts schaumig schlagen. Die Butter und die geschmolzene Schokolade unterrühren. Die Mandeln und die Speisestärke gut untermischen. Die Eiweiße mit 1 Prise Salz zu steifem Schnee schlagen und unterheben.

2. Eine Springform (24 cm Durchmesser) einfetten und den Boden mit den gehackten Mandeln bestreuen. Den Teig daraufgeben und im Ofen auf der mittleren Schiene etwa 40 Minuten backen. Herausnehmen, kurz abkühlen lassen und vom Rand lösen.

3. Für das Kompott die Früchte je nach Sorte waschen, trocken reiben und von Fäden, Stein bzw. Kerngehäuse befreien. In kleine Würfel schneiden. Eine Pfanne erhitzen und den Zucker darin karamellisieren. Die Früchte dazugeben und mit dem Apfelsaft ablöschen. Kurz köcheln lassen, bis der Karamell sich wieder auflöst. Nach Belieben mit Zucker abschmecken.

4. Den Kuchen lauwarm oder abgekühlt in Stücke schneiden und mit dem Kompott auf Desserttellern anrichten. Nach Belieben mit Schlagsahne oder 1 Kugel Vanilleeis krönen.

Schwaben

Würziger Heumilchkäse und Butter von den Allgäuer Sennereien, Wein und Obst aus der Gegend rund um den Bodensee und frische Fische aus den klaren Gewässern – in Schwaben versteht man zu leben. Und das Leben zu genießen!

Ein Urlaubsparadies. Und eine Gegend der Superlative: Am Fuße der bayerisch-schwäbischen Alpen baute der Märchenkönig eines der berühmtesten Schlösser der Welt; die Allgäuer Bergwelt gibt sich majestätisch und stolz. Und der Bodensee wird gar als Schwäbisches Meer bezeichnet.

Der Berghof der Kinkers liegt im Allgäu, nicht weit von Schloss Neuschwanstein. Er ist umgeben von Almwiesen und Weiden. Und natürlich sind die 30 Milchkühe der Kinkers dort den ganzen Tag draußen. Und wenn sich's so ergibt, kommen auch die Kälbchen im Freien auf die Welt.

Irmi Kinker

Ob bei den Kühen auf der Weide, Sammeln von Kräutern oder Walken mit den Gästen – bei Irmi ist alles im grünen Bereich.

Wenn Irmi Feierabend macht und nach der Arbeit auf dem Berghof ein wenig runterkommen möchte, dann geht sie rauf: rauf aufs Sofa, die Futtergabel zur Seite legen, ein bisserl durchschnaufen – und einfach nur schauen. Schauen, wie es ihren Kühen so geht, und dabei den Blick ganz ruhig wandern lassen von einer Kuh zur anderen. „Von meinen Kühen kann ich viel lernen", sagt sie. Wenn sie so gemütlich dasitzt, im warmen Stall auf ihrem Sofa, ist sie den Tieren besonders nahe. Sie spürt, ob einer Kuh etwas fehlt, ob's irgendwo hakt, und kommt dabei langsam zur Ruhe – und zu sich selbst. Diese Gelassenheit und Ruhe, sagt sie, hat sie sich von den Kühen abgeschaut. Und die braucht sie auch! Denn Irmis Leben ist bunt. Und manchmal auch ein bisserl turbulent.

Vor allem wenn die Feriengäste da sind. Vier Ferienwohnungen gehören zum Berghof der Kinkers im Allgäu, mit Blick auf den Forggensee. Es waren schon Gäste aus Dubai da, aus Neuseeland und den USA, und Familien mit Kindern kommen besonders gerne hierher. Und das schon seit vielen Jahren. Weil sich Irmi und ihr Mann Franz für ihre großen und kleinen Urlauber immer wieder was Neues ausdenken: Heumanderl machen mit den Kleinen, zum Beispiel, oder Radeln und Walken mit den Erwachsenen – Irmi ist sportlich und immer in Bewegung und teilt diese Begeisterung gerne mit ihren Feriengästen. Und auch sonst hat sie genug zu tun: zweimal am Tag die 30 Biomilchkühe melken; der Milchwagen kommt jeden zweiten Tag und holt dann bis zu 1200 Liter Milch ab. Die Almwiesen rund um den Berghof der Kinkers müssen gemäht, das Heu eingebracht werden. Schwiegervater Hans, Schwiegermutter Elisabeth, Sohn Thomas, Tochter Kathrin und Irmis Mann Franz leben mit auf dem Hof. Und auch wenn man als Bauer keine Fünftagewoche hat und samstags und sonntags genauso ranmuss, genießen Irmi und Franz die Freiheit, die das Leben auf dem Berghof ihnen schenkt.

»Wenn's meinen Kühen und Kälbchen gut geht, geht's mir auch gut.«

Von dieser Freiheit haben auch die Kühe etwas. Allgäuer Braunvieh halten die Kinkers, und bei so viel Grün rund um den Hof dürfen die 30 Milchkühe natürlich den ganzen Tag auf die Weide raus. Manchmal kommen da auch die Kälbchen zur Welt. „Licht, Luft, Sonne, Regen, Wind – das braucht eine Kuh", sagt Irmis Mann Franz. Kühe leben dann länger, geben bessere Milch und sind insgesamt gesünder, stellt er fest. Und die Kühe haben hier heroben ja auch einen Logenplatz: Vom Berghof der Kinkers aus blickt man auf den Schwangau, auf Füssen und das Ammergebirge – und auf Schloss Neuschwanstein. „Wir leben und arbeiten dort, wo andere Urlaub machen", sagt Irmi. In königlicher Traumlandschaft! Unweit vom Hof liegt ein kleiner Weiher im Wald. Dort zieht Irmi von April bis Oktober gern ihre Bahnen, entlang der Seerosen, egal, ob's draußen kalt oder warm ist.

Grün ist ihre Lieblingsfarbe. Und grün kocht sie auch am liebsten! Auf den Almwiesen rund um den Berghof gedeihen Wildkräuter: Spitzwegerich, Gundermann, junge Brennnesseln, Bergthymian, zum Beispiel. Irmi kennt sich gut aus damit, weiß, wie die Kräuter wirken und wogegen sie helfen. Und wenn sie kocht, verleiht sie so manchem Schmankerl damit einen frischen, gesunden Touch. Wenn man Grün so mag wie Irmi, bringt man es eben auch gerne auf den Teller!

Hier werden Erinnerungen an den letzten Urlaub im Süden wach!

Zucchini-Röllchen

mit
Minz-Kräuter-Sauce

Zutaten für 4 Personen

Für die Sauce:
1/2 Salatgurke
100 g Naturjoghurt
1 Tomate
8 Beinwellknospenstände (ersatzweise Spitzwegerichstände; zum Garnieren)
3 kleine Beinwellblätter (ersatzweise Wildkräuter wie Giersch, Löwenzahn und Spitzwegerich, je 4 Blätter)
8 Minzeblätter

Für die Zucchini-Röllchen:
1 große Zucchini
1 Zitrone
1 Knoblauchzehe
1 TL getrocknete italienische Kräuter
Salz
Würzpfeffer (ersatzweise Pfeffer aus der Mühle)
Mehl zum Panieren
Öl oder Butterschmalz zum Braten

1. Für die Sauce die Gurke waschen. Ein Drittel der Gurke mit dem Joghurt im Mixer pürieren. Die restliche Gurke in feine Würfel schneiden. Die Tomate waschen und ebenfalls in feine Würfel schneiden, dabei den Stielansatz entfernen. Die Kräuter waschen und trocken tupfen. Die dicke Mittelrippe der Beinwellblätter mit einem scharfen Messer herausschneiden und die Blätter in feine Streifen schneiden. Die Minze klein schneiden.

2. Alle Zutaten gut mischen. (Die Kräutersauce kann alternativ auch mit Wildkräutern zubereitet werden. Dafür die Wildkräuter von den Stielen befreien und statt dem Beinwell unter die restlichen Zutaten mischen.) Die Sauce zugedeckt etwa 30 Minuten kühl stellen.

3. Für die Zucchini-Röllchen die Zucchini putzen, waschen und längs in 8 dünne Scheiben schneiden. Die Zitrone auspressen. Den Knoblauch schälen und durch die Presse drücken. Zitronensaft, Knoblauch, getrocknete Kräuter, Salz und Würzpfeffer verrühren.

4. Die Zucchinischeiben im gewürzten Zitronensaft wenden und anschließend im Mehl panieren. Das Öl oder Butterschmalz in einer Pfanne erhitzen und die panierten Zucchinischeiben darin goldgelb braten, dabei mehrmals wenden. Die Zucchinischeiben aus der Pfanne nehmen und mit den Fingern oder einer Gabel zu Röllchen drehen – Vorsicht, sie sind sehr heiß!

5. Die Zucchini-Röllchen auf Teller verteilen und die Minz-Kräuter-Sauce dazu servieren.

In diesem Gericht wurden gleich zwei Hauptrollen vergeben – und beide glänzen gleichermaßen.

Rinderroulade

mit Walnüssen, Kartoffel-Kräuter-Rolle und karamellisierten Karotten

Zutaten für 4 Personen

Für die Sauce:
2 Karotten · 1/2 Stange Lauch
1 Zwiebel · 6 EL Rinderfond

Für die Rouladen:
je 1/2 Bund Petersilie und Basilikum · 200 g Walnusskerne
Salz · Pfeffer aus der Mühle
3 EL Basilikumpesto
4 Rinderfiletrouladen
Rapsöl zum Braten

Für das Gemüse:
600 g Karotten
Butter zum Braten · 1/2 TL Zucker
100 ml Gemüsebrühe

Für die Kartoffel-Kräuter-Rolle:
500 g mehligkochende Kartoffeln · Salz
1 EL Quark · 1 Eigelb
25 g weiche Butter
Mehl nach Bedarf
80 g gemischte, fein gehackte Kräuter nach Geschmack (z. B. Wildkräuter: je 8 Blätter Giersch, Spitzwegerich und junger Löwenzahn; 2 Blätter Gundermann; 10 Gänseblümchenblüten)
1 Eiweiß zum Pürieren
3 EL Pinienkerne (nach Belieben)
Butter für Folie und zum Braten

Für die Basilikumcreme:
6 EL Mascarpone
1 EL Basilikumpesto
Salz · Pfeffer aus der Mühle
Basilikumblätter zum Garnieren

1. Für die Sauce Karotten, Lauch und Zwiebel putzen und waschen bzw. schälen. Alles in Würfel schneiden.

2. Für die Rouladen die Kräuter waschen, trocken schütteln und die Blätter abzupfen. Kräuterblätter und Walnüsse fein hacken. Mit Salz und Pfeffer würzen und das Pesto unterrühren. Die Fleischscheiben dünn mit der Kräuterpaste bestreichen, aufrollen und in der Pfanne in etwas Öl anbraten. Aus der Pfanne nehmen und mit dem Gemüse für die Sauce in einen Dampfdrucktopf geben, etwa 700 ml Wasser dazugießen und alles etwa 6 Minuten ziehen lassen. Die Pfanne mit dem Bratsatz beiseitestellen.

3. Die Rouladen aus dem Topf nehmen. Das Gemüse mit dem Stabmixer pürieren. Den Bratsaft in der Pfanne mit dem Rinderfond ablöschen und aufkochen, mit dem pürierten Gemüse mischen und gegebenenfalls etwas nachwürzen.

4. Für das Gemüse die Karotten putzen, schälen, quer halbieren und in Stifte schneiden. In etwas Butter andünsten und mit dem Zucker bestreuen. Die Karotten rundum goldbraun karamellisieren. Die Brühe dazugießen und die Karottenstifte bissfest garen.

5. Für die Kartoffel-Kräuter-Rolle die Kartoffeln schälen, waschen und in Salzwasser weich garen. Noch heiß durch die Kartoffelpresse drücken und auf der Arbeitsfläche auskühlen lassen.

6. Die Kartoffeln mit Quark, Eigelb, Butter und 1/2 TL Salz glatt rühren. Zuletzt so viel Mehl einarbeiten, bis ein glatter, nicht zu fester Teig entsteht, der nicht mehr klebt. Den Teig auf der bemehlten Arbeitsfläche etwa 1 cm dick ausrollen. Die Kräuter mit dem Eiweiß mit dem Stabmixer pürieren und deckend auf den Kartoffelteig streichen. Nach Belieben Pinienkerne daraufstreuen. Den Teig zu einer dünnen Roulade aufrollen, darauf achten, dass keine Hohlräume entstehen. Die Rolle in gebutterte Alufolie einschlagen und diese dicht verschließen (es darf kein Wasser in die Rolle gelangen). Die Rolle in köchelndem Salzwasser etwa 20 Minuten ziehen lassen. Herausnehmen, auskühlen lassen und in Scheiben schneiden. Die Scheiben in einer Pfanne in Butter goldgelb braten.

7. Für die Basilikumcreme den Mascarpone mit Pesto, Salz und Pfeffer vermischen und in einen Spritzbeutel füllen. Rouladen, Gemüse und Kartoffel-Kräuter-Scheiben auf Tellern anrichten. Etwas Basilikumcreme auf die Teller spritzen. Mit Basilikumblättern garnieren.

Zart schmelzende Creme, volle Frucht und luftiger Teig auf einer Gabel – was will man mehr?

Mein Tipp

Für ein Schokogitter 100 g Vollmilch- oder Halbbitterschokolade über dem heißen Wasserbad schmelzen. In einen Spritzbeutel füllen und auf ein Backpapier z.B. ein Gitter auftragen. Das Schokogitter mindestens 2 Stunden in das Tiefkühlfach geben. Fertig!

Allgäuer Himbeertraum

mit Minze

Zutaten für 4 Personen

Für den Biskuit:
2 Eier
Salz
60 g Zucker
abgeriebene Schale von
1/2 Bio-Zitrone
40 g Mehl

Für die Füllung:
500 g Himbeeren
2–3 EL Puderzucker
1–2 EL Zitronensaft
250 g Mascarpone
150 g Speisequark
1–2 EL Zucker
1 EL Vanillezucker
400 g Sahne
8 Minzeblätter

Zum Garnieren:
Minzeblätter zum Garnieren

1. Für den Biskuit den Backofen auf 220 °C vorheizen und ein Backblech mit Backpapier belegen. Die Eier trennen. Die Eiweiße mit 1 Prise Salz zu steifem Schnee schlagen. Die Eigelbe mit dem Zucker und 1 EL warmem Wasser hellschaumig rühren. Die Zitronenschale dazugeben, dann den Eischnee und anschließend das gesiebte Mehl vorsichtig unterheben.

2. Die Masse in einer Größe von etwa 20 x 30 cm etwa 1 cm dick auf dem Blech verteilen und im Ofen auf der mittleren Schiene 8 bis 10 Minuten backen. Den Biskuit aus dem Ofen nehmen, auf ein Küchentuch stürzen, das Backpapier ablösen und den Biskuit zugedeckt auskühlen lassen.

3. Mit vier Anrichteringen (etwa 6 cm Durchmesser) aus dem kalten Biskuit 4 Kreise schneiden.

4. Für die Füllung die Himbeeren verlesen, waschen und trocken tupfen. Die Hälfte mit Puderzucker und Zitronensaft mit dem Stabmixer pürieren und auf dem Biskuit in den Ringen verteilen. Die restlichen Himbeeren gleichmäßig darauf verteilen.

5. Den Mascarpone mit Quark, Zucker und Vanillezucker gut verrühren. Die Sahne steif schlagen und unter die Mascarponecreme heben. Die Minze fein schneiden und unterrühren. Die Masse auf den Biskuitböden und Himbeeren verteilen und glatt streichen. Den Himbeertraum zugedeckt mindestens 3 bis 4 Stunden kühl stellen.

6. Jeden Himbeertraum auf einen Teller setzen und die Ringe vorsichtig abziehen. Mit Minzeblättern garnieren. Außerdem nach Belieben mit frischen Beeren und einem Schokogitter (s. Tipp links) verzieren.

Gemüse-Hackfleisch-Rose

mit Emmentaler

Zutaten für 4 Personen

Für den Mürbeteig:
250 g Mehl
1 Msp. Backpulver
Salz
140 g Butter
2 Eigelb
2 EL saure Sahne
evtl. etwas Milch

Für die Füllung:
1–2 Zucchini (je nach Größe)
Zitronensaft
1–2 TL Kräuter der Provence
Salz · Pfeffer aus der Mühle
1 Zwiebel
1 EL Öl
1 Ei
400 g gemischtes Hackfleisch
3 EL Semmelbrösel
60 g Pinienkerne
300 g Emmentaler in Scheiben
6 Cocktailtomaten
2 EL Maiskörner

1. Für den Mürbeteig das Mehl mit dem Backpulver, 1/2 TL Salz, der Butter, dem Eigelb und der sauren Sahne rasch verkneten, falls nötig, etwas Milch unterkneten. Den Teig in Frischhaltefolie gewickelt kühl stellen.

2. Für die Füllung die Zucchini putzen, waschen, längs in dünne Scheiben schneiden, mit Zitronensaft beträufeln und mit Kräutern, Salz und Pfeffer bestreuen. Die Zwiebel schälen und in feine Würfel schneiden. Das Öl in einer kleinen Pfanne erhitzen und die Zwiebel darin anbraten.

3. Die Zwiebel mit dem Ei, dem Hackfleisch und Semmelbröseln in einer Schüssel zu einer glatten Masse verarbeiten. Mit Salz, Pfeffer und Kräutern der Provence würzen. Die Pinienkerne unterheben.

4. Den Backofen auf 180 °C vorheizen. Ein Drittel des Mürbeteigs dünn ausrollen und eine Backform mit 24 cm Durchmesser damit auslegen, dabei einen Rand formen. Den restlichen Teig ebenfalls dünn ausrollen und in 4 cm breite Streifen schneiden. Die Teigstreifen mit der Hackfleischmasse bestreichen, mit dem Emmentaler belegen und im Wechsel mit den Zucchinischeiben vorsichtig aufrecht auf den Teig in die Form setzen, sodass die verschiedenen Schichten zum Schluss wie eine große Rosenblüte aussehen.

5. Die Tomaten waschen und mit dem Mais auf der Rosenblüte verteilen. Mit Backpapier zugedeckt im Ofen auf der mittleren Schiene etwa 30 Minuten backen. Dazu passt ein Salat oder eine Käsesauce.

Lachs-Spinatrolle
und Brennnessel-Feta-Stangen

Zutaten für 4 Personen

Für die Brennnessel-Feta-Stangen (10–12 Stück):
1 Zwiebel · 80 g Brennnesseln · 1 EL Butter
200 g Feta (Schafskäse) · 500 g Mehl · 1/2 TL Salz
30 g frische Hefe · 2 EL Rapsöl

Für die Lachs-Spinatrolle:
4 Eier · je 100 g geriebener Emmentaler und Parmesan
1 Knoblauchzehe · 200 g TK-Blattspinat (aufgetaut)
60 g Pinienkerne · 200 g Frischkäse · 3 EL Basilikumpesto · Salz · Pfeffer aus der Mühle · 250 g Räucherlachs

1. Für die Brennnessel-Feta-Stangen die Zwiebel schälen und fein würfeln, die Brennnesseln waschen und mit Einweghandschuhen fein schneiden. Zwiebel und Brennnesseln in der Butter anbraten und abkühlen lassen. Feta zerkrümeln und untermischen.

2. Aus Mehl, Salz, zerkrümelter Hefe und 1/4 l lauwarmem Wasser einen Teig zubereiten, die Feta-Mischung unterheben und 45 Minuten gehen lassen. In 10 bis 12 Portionen teilen und zu Stangen formen. Mit Öl bestreichen, kurz gehen lassen. Inzwischen den Backofen auf 180 °C vorheizen und die Stangen 25 bis 30 Minuten backen. Nochmals mit Öl bestreichen.

3. Für die Lachs-Spinatrolle die Eier trennen, die Eiweiße zu steifem Schnee schlagen. Eigelbe, Emmentaler, gepressten Knoblauch und Spinat vorsichtig unterheben. Ein Backblech mit Backpapier belegen und den Parmesan dick daraufstreuen. Die Masse darauf verteilen und im Ofen bei 180 °C 10 Minuten goldbraun backen. Auskühlen lassen.

4. Die Pinienkerne in einer Pfanne ohne Fett rösten. Den Frischkäse mit Pesto, Salz und Pfeffer würzen. Den Teig mit dem Lachs belegen und mit Pinienkernen bestreuen. Fest aufrollen und in Frischhaltefolie gewickelt mind. 2 Stunden kühl stellen. In Scheiben schneiden, mit Brennnessel-Feta-Stangen servieren.

Spekulatius-Parfait
mit Glühweinkirschen

Zutaten für 4 Personen

Für das Parfait:
75 g Zucker · 90 ml Apfelsaft
4 Eier · 1/4 TL Zimtpulver oder Spekulatiusgewürz
Mark von 1/2 Vanilleschote · 200 g Sahne
75 g + 6 Spekulatiuskekse

Für die Kirschen:
1 Glas Schattenmorellen (Abtropfgewicht 350 g)
100 ml Glühwein · 1–2 EL Zucker · 1 TL Speisestärke

1. Für das Parfait Zucker und Apfelsaft in einem kleinen Topf erhitzen, bis sich der Zucker aufgelöst hat. Vom Herd nehmen und abkühlen lassen.

2. Die Eier trennen und die Eigelbe mit dem Zimt oder Spekulatiusgewürz, dem Vanillemark und dem abgekühlten Apfelsaft in eine hitzefeste Schüssel geben. Über dem heißen Wasserbad 10 bis 15 Minuten cremig aufschlagen.

3. Die Sahne und die Eiweiße jeweils zu steifem Schnee schlagen, 75 g Spekulatius zerkrümeln. Zuerst die Sahne, dann den Eischnee und zum Schluss die Kekskrümel unter die Eigelbmasse heben. Die Masse in vier Dessertgläschen (à 150 ml) füllen und mindestens 6 Stunden, am besten über Nacht, tiefkühlen.

4. Für die Kirschen die Schattenmorellen abgießen, dabei 100 ml Saft auffangen. Den Saft mit dem Glühwein, 1 EL Zucker und den Kirschen in einem kleinen Topf aufkochen und 5 bis 10 Minuten leicht einköcheln lassen. Eventuell mit der Speisestärke etwas andicken, nach Geschmack mit dem übrigen Zucker abschmecken und abkühlen lassen.

5. Die Parfaits etwa 15 Minuten vor dem Servieren aus dem Tiefkühlfach nehmen, die übrigen Spekulatius zerkrümeln und auf die Parfaits streuen. Mit den Glühweinkirschen servieren.

Das Weingut der Familie Hornstein liegt an den Hängen des Bodensees. Neben Wein gedeihen hier auch Birnen, Zwetschgen und Aprikosen, aus denen die Hornsteins Schnaps brennen. Dazu gibt's eine deftige schwäbische Brotzeit im hofeigenen Buschenschank – und natürlich den eigenen Wein.

Marie-Luise Hornstein

Mit eigenen Händen etwas zu schaffen, das andere glücklich macht – das spornt die junge Winzerin bei ihrer Arbeit an.

Cool sei das, sagt Mary-Lu, wenn so ein Jahrgang schließlich in Flaschen abgefüllt ist und sie die Etiketten daraufkleben kann – auf den Sauvignon blanc, Müller-Thurgau, den Weißburgunder und all die anderen Tropfen aus dem Familienweingut, die sie als junge Winzerin vom Weinberg bis zum Keller, vom Rebstock bis zur Flasche begleitet. Vor ein paar Jahren hat sie ihre Ausbildung zur Weinbautechnikerin abgeschlossen. Und hat schon jede Menge Erfahrung: bei verschiedenen Winzern gelernt, auch in der Schweiz, und sich umgesehen in der Welt. Und sie hat wohl auch ein wenig von dem im Blut, das schon den Großvater antrieb, als er das Weingut in den 1960er-Jahren gründete: das Gespür für die Eigenheiten des Weines, für Boden und Klima, schlicht, fürs Terroir, in dem die Rebstöcke wurzeln. „Wenn ich mit meinem Vater im Weinberg bin und auf den Bodensee schaue, aufs Wasser, die Berge ringsum, die Rebstöcke und Obstbäume – dann macht mich das glücklich. Dieses Flair prägt unseren Wein."

In ihrem Taufschein steht Marie-Luise, doch alle nennen sie Mary-Lu: die Geschwister Magdalena, Markus und Josef und natürlich auch die Eltern Erika und Peter. Die Hornsteins sind durch und durch eine Winzerfamilie – jeder auf dem Weingut hat seinen Part. Erika managt die hofeigene Straußwirtschaft und die Ferienwohnungen, Magdalena und Josef lernen und studieren ebenfalls den Winzerberuf, Vater Peter ist für Weinberg und Keller zuständig – und er teilt diese Verantwortung bereits jetzt mit Mary-Lu. Dass ihr Name so englisch klingt, kam ihr zupass, als sie kürzlich in Neuseeland war. Ein paar Wochen lang, mit einer Freundin, Weingüter anschauen: „Ich dachte, ich könnte dort etwas Neues lernen. Mich inspirieren lassen für die Arbeit daheim."

»Meine Arbeit ist wie der Wein: vielseitig, immer im Fluss. Und niemals langweilig!«

Doch anstatt etwas Neues lernte sie etwas Altvertrautes neu schätzen und lieben: die Gemütlichkeit und die Beschaulichkeit ihrer Heimat. Die persönliche Atmosphäre im Familienbetrieb, wo man mit den Mitarbeitern vertraut ist, sich kennt und schätzt und bei der Arbeit auch mal eine Gaudi macht, oder, wie Mary-Lu es in ihrem weichen Schwäbisch ausdrückt: „auch mal a bissle miteinander schwätzt". In Neuseeland, erzählt sie, habe sie Großbetriebe mit riesigen Maschinen erlebt, mit Hunderten Arbeitern: „Da bist du als Angestellter nur eine Nummer." Industrielle Weinproduktion. „Wenn bei uns die Kunden zum Verkosten kommen", erzählt sie, „kennen wir sie persönlich."

Der gemütliche Plausch beim Wein, das Fachsimpeln mit den Kunden und Gästen spornen sie an. Wenn sie spürt, dass einem Kunden der Wein, den sie macht, besonders gut schmeckt – dann ist das für sie eine große Freude, sagt sie. Beim Kochen geht es ihr nicht anders: „Wenn ich es recht überlege, ist Kochen für mich vielleicht fast noch ein bisschen schöner als das Essen selbst!" Sie mag es, die Dinge in Ruhe vorzubereiten, beim Schälen und Schnippeln ein bisschen vor sich hin zu denken – und freut sich, wenn es den anderen gut schmeckt. Auch im Weinberg macht sie das gern: in Ruhe nachdenken, während sie Reben schneidet oder den Boden pflegt. Und dabei auf den See schauen, die Berge, das Wasser, die Streuobstwiesen ringsum – das Terroir, in dem auch sie verwurzelt ist.

Bayerischen Kaviar gibt's
nicht? Gibt's doch! Und
er schmeckt besonders fein.

Lachsforellenmousse

mit Bodenseekaviar

Zutaten für 4 Personen

Für den Salat:
4 Handvoll Blattsalat (z. B. Eichblattsalat, Endivie, Escariol)
1 rote Zwiebel
3 EL Balsamico bianco
1 TL Senf
Salz · Pfeffer aus der Mühle
Zucker
4–6 EL mildes Olivenöl

Für die Lachsforellenmousse:
250 g geräuchertes Lachsforellenfilet
2 EL Anislikör (z. B. Pernod)
80 g Sahne
1 TL frisch geriebener Meerrettich
Salz · Pfeffer aus der Mühle
4 EL Felchenkaviar (ersatzweise Forellenkaviar)

1. Für den Salat die Blattsalate verlesen, waschen und trocken schleudern. Größere Salatblätter klein zupfen. Die Zwiebel schälen und in feine Ringe schneiden.

2. Den Essig in eine Schüssel geben und mit dem Senf, Salz, Pfeffer und etwas Zucker verrühren. Das Olivenöl mit dem Schneebesen nach und nach unterrühren. Die Salatblätter mit der Vinaigrette mischen, nach Belieben eine klein gewürfelte Paprikaschote unterheben.

3. Für die Lachsforellenmousse die Fischfilets von eventuell verbliebenen Gräten befreien und mit dem Likör, der Sahne und dem Meerrettich in einen hohen Rührbecher geben. Den Rührbecher in ein Gefäß mit Eiswürfeln stellen. Die Mischung mit Salz und Pfeffer würzen und mit dem Stabmixer zu einer glatten Mousse pürieren.

4. Aus der Mousse mithilfe von zwei Esslöffeln, die zwischendurch immer wieder in heißes Wasser getaucht werden, 12 Nocken abstechen. Pro Portion 3 Nocken auf einem Teller anrichten und mit je 1 TL Felchenkaviar garnieren. Nach Belieben etwas schwarzen Pfeffer über die Nocken mahlen.

5. Die Mousse und den Salat sofort servieren. Dazu passt dunkles oder helles Baguette.

Die Inspiration für dieses Rezept kam von der anderen Seite des Bodensees, von unseren Schweizer Nachbarn.

Mein Tipp

Der Felchen ist der wichtigste Speisefisch aus dem Bodensee, Er hat festes Fleisch und wenig Gräten. Ersatzweise können Sie Forelle oder Saibling für dieses Gericht verwenden. Wenn Sie den Fisch zuerst auf der Hautseite braten, fällt er nicht so schnell auseinander.

Felchenfilet

„Rorschacher Art“

Zutaten für 4 Personen

Für den Fisch:
500–600 g Felchenfilets
Zitronensaft
Salz · Pfeffer aus der Mühle
Mehl
2–3 EL Öl
1/2 Apfel
etwas Butter
4 EL Mandelstifte

Außerdem:
1/2 Bio-Zitrone
1 Stiel Petersilie
1/2 Apfel

1. Für den Fisch die Felchenfilets waschen, trocken tupfen und mit Zitronensaft beträufeln. Die Filets 10 Minuten ruhen lassen, dann mit Küchenpapier trocken tupfen. Mit Salz und Pfeffer würzen. Das Mehl in einen tiefen Teller geben und die Fischfilets darin wenden. Überschüssiges Mehl abklopfen.

2. Das Öl in einer großen Pfanne erhitzen. Die Fischfilets darin bei mittlerer Hitze auf jeder Seite 1 Minute goldbraun braten.

3. Inzwischen die Apfelhälfte waschen, entkernen und in feine Würfel schneiden. In einer zweiten Pfanne etwas Butter zerlassen und die Mandelstifte darin goldgelb rösten. Herausnehmen und warm halten. Nochmals etwas Butter in der Pfanne zerlassen und die Apfelwürfel kurz darin andünsten.

4. Die Zitrone heiß waschen, trocken reiben und in Scheiben schneiden. Die Petersilie waschen, trocken schütteln und die Blätter abzupfen. Den übrigen halben Apfel waschen, entkernen und den Apfel in Schnitze schneiden.

5. Die Fischfilets auf Teller verteilen. Die Apfelwürfel aus der Pfanne nehmen, mit den Mandelstiften mischen und auf den gebratenen Fischfilets anrichten. Mit Zitronenscheiben, Petersilienblättern und Apfelschnitzen garnieren. Dazu schmecken Salzkartoffeln, Dampfkartoffeln, Kartoffelbrei oder körnig gekochter Reis.

Ein schnell gemachtes,
erfrischendes Eis, das ganz
ohne Ei auskommt

Quarkeis

mit Erdbeermark

Zutaten für 4 Personen

Für das Quarkeis:
1 Bio-Limette oder -Zitrone
5 EL Puderzucker
250 g Speisequark
125 g Sahne

Für das Erdbeermark:
250 g Erdbeeren
3 EL Puderzucker

1. Für das Quarkeis die Limette oder Zitrone heiß waschen und trocken reiben. Die Schale abreiben und den Saft auspressen. Saft und Schale mit dem Puderzucker und dem Quark in einer gefrierfesten Schüssel glatt rühren.

2. Die Sahne in einer zweiten Schüssel steif schlagen und unter die Quarkmasse ziehen. Die Mischung in das Tiefkühlfach stellen und 2 bis 3 Stunden gefrieren lassen, dabei alle 20 bis 30 Minuten mit dem Schneebesen einmal durchrühren.

3. Für das Erdbeermark die Erdbeeren waschen und putzen. Mit dem Stabmixer pürieren und den Puderzucker unterrühren.

4. Das Erdbeermark auf Teller verteilen. Das Eis mit einem Löffel oder einem Eisportionierer zu Kugeln formen auf dem Mark anrichten. Nach Belieben mit Zitronenmelisse- oder Minzeblättern garnieren und mit Puderzucker bestäuben. Sofort servieren.

Kalbsfilet

mit Spargel

Zutaten für 4 Personen

20 Stangen weißer Spargel
Salz
1 EL Butter
60 ml Weißwein
1 TL Zucker
600 g Kalbsfilet
Pfeffer aus der Mühle
2 EL Öl
2 EL geriebener Parmesan
2 EL braune Butter
1/2 TL Fleur de Sel
1 EL Schnittlauchröllchen
2 EL Kresse zum Garnieren

1. Den Spargel schälen und die holzigen Enden abschneiden. Den Spargel in reichlich Salzwasser mit der Butter, dem Wein und dem Zucker bei mittlerer Hitze 12 bis 14 Minuten garen. Den Topf vom Herd nehmen und den Spargel im Wasser ziehen lassen.

2. Das Kalbsfilet in Scheiben schneiden und mit Salz und Pfeffer würzen. Das Öl in einer Pfanne erhitzen und die Fleischscheiben darin etwa 2 Minuten auf jeder Seite braten. Eventuell einige Minuten ruhen lassen, damit sich der Fleischsaft gleichmäßig verteilt.

3. Den Spargel aus dem Wasser heben und auf vier Tellern anrichten. Mit dem Parmesan bestreuen und mit der braunen Butter beträufeln. Die Kalbsfilets nach Belieben einmal durchschneiden und auf den Spargel setzen. Mit Pfeffer und Fleur de Sel bestreuen. Mit Schnittlauchröllchen und Kresse garniert servieren.

Mein Tipp:
Ich salze das Fleisch entweder direkt vor oder während des Bratens. Gibt man zu früh Salz dazu, kann das Fleisch wässrig und zäh werden.

Kartoffel-laible

mit Kräuterquark

Zutaten für 4 Personen

Für den Kräuterquark:
1/2 Bund Schnittlauch · 1/2 Bund Petersilie
100 g Speisequark (40 % Fett) · 100 g Schmand
1 Spritzer Zitronensaft · Salz · Pfeffer aus der Mühle

Für die Kartoffellaible:
1 kg mehligkochende Kartoffeln · Salz · 3 Eier
50 g Speisestärke · Semmelbrösel
Öl zum Ausbacken

1. Für den Kräuterquark die Kräuter waschen und trocken schütteln. Den Schnittlauch in Röllchen schneiden, die Petersilienblätter abzupfen und fein hacken. Den Quark und den Schmand verrühren, die Kräuter untermischen und alles mit dem Zitronensaft, Salz und Pfeffer würzen.

2. Für die Kartoffellaible die Kartoffeln mit der Schale waschen und in Salzwasser weich garen. Abgießen, ausdampfen lassen, möglichst heiß pellen und durch die Kartoffelpresse drücken. Die Masse zum Auskühlen auf einem Brett verteilen. 2 Eier verquirlen und daraufgeben, Salz dazugeben und das Ganze mit der Speisestärke bestreuen. Alles rasch zu einem glatten Teig verkneten und mit angefeuchteten Händen zu flachen Laiben von 6 bis 7 cm Länge formen.

3. Das übrige Ei in einem tiefen Teller verquirlen. Die Semmelbrösel in einen tiefen Teller geben. Die Laible erst im Ei und anschließend in den Semmelbröseln wenden. Reichlich Öl in einem großen Topf erhitzen. Es ist heiß genug, wenn sich an einem hineingehaltenen Holzlöffelstiel Blasen bilden. Die Kartoffellaible im Öl auf beiden Seiten ausbacken. Mit dem Schaumlöffel herausheben, kurz auf Küchenpapier abtropfen lassen und mit dem Kräuterquark anrichten. Dazu passt Räucherlachs mit Zwiebelringen und Schnittlauchröllchen.

Erdbeer-traum

mit Weinschaum

Zutaten für 4 Personen

Für den Erdbeertraum:
350 g Erdbeeren
2 EL Zucker
1/2 Päckchen Vanillezucker
1 TL Zitronensaft

Für den Weinschaum:
1 Eigelb
20 g Zucker
40 ml Weißwein

Außerdem:
einige Blätter Zitronenverbene oder -melisse
Puderzucker zum Bestäuben

1. Für den Erdbeertraum die Erdbeeren waschen, putzen und in Viertel schneiden. In einer Schüssel mit dem Zucker, dem Vanillezucker und dem Zitronensaft vermengen. Beiseitestellen.

2. Für den Weinschaum das Eigelb mit dem Zucker und dem Wein in einer Metallschüssel über dem heißen Wasserbad unter ständigem Rühren erhitzen, bis eine schaumige Masse entstanden ist.

3. Die Erdbeeren auf vier tiefen Tellern anrichten und mit dem Weinschaum beträufeln. Jede Portion mit ein paar Blättern Zitronenverbene oder -melisse garnieren und mit Puderzucker bestäuben. Das Dessert sofort servieren.

Und so macht's Alfons Schuhbeck

Am Ende jeder Staffel treffen sich die Landfrauen zur Siegerehrung in München bei Sternekoch Alfons Schuhbeck, der für sie die jeweiligen Siegergerichte neu interpretiert. Hier sind die Gewinnerrezepte.

Riesling-Schaumsuppe

à la Schuhbeck

Zutaten für 4 Personen

Für die Suppe:
1 weiße Zwiebel
1 Stange Staudensellerie
1/2 Karotte · 1 TL Puderzucker
100 ml Riesling · 800 ml Gemüsebrühe · 1 EL getrocknete Steinpilze · 1 EL Speisestärke · 200 g Sahne · je 1 Msp. fein geriebener Knoblauch und Ingwer
1 Msp. abgeriebene Bio-Zitronenschale · mildes Chilisalz

Für den Zander:
4 Stückchen Zanderfilet (à ca. 60 g; mit Haut) · 1 TL braune Butter (ersatzweise Olivenöl)
Chilisalz mit Vanille

Für die Garnitur:
1 Scheibe Mischbrot · 1 EL braune Butter (siehe Tipp S. 164) · mildes Chilisalz · 4 Stiele Dill

1. Für die Suppe die Gemüse schälen bzw. putzen und waschen und in kleine Würfel schneiden. Einen Topf bei mittlerer Hitze sanft erhitzen und die Gemüse hineingeben. Den Puderzucker darüberstäuben und alles kurz andünsten. Mit dem Wein ablöschen und fast vollständig einköcheln lassen. Mit der Brühe auffüllen, die getrockneten Steinpilze hineingeben und knapp unter dem Siedepunkt etwa 10 Minuten ziehen lassen. Die Brühe durch ein Sieb gießen und aufkochen. Die Speisestärke mit wenig kaltem Wasser glatt rühren, in die leicht köchelnde Brühe rühren, bis diese sämig bindet. Die Sahne sowie Knoblauch, Ingwer und Zitronenschale hinzufügen, kurz erhitzen und mit Chilisalz würzen.

2. Für den Zander die Fischfilets waschen und trocken tupfen. Eine Pfanne bei mittlerer Hitze erhitzen, die braune Butter mit einem Pinsel darin verstreichen und die Fischfilets auf der Hautseite kross anbraten. Wenden, die Pfanne vom Herd nehmen und die Filets in der Resthitze der Pfanne einige Minuten saftig gar ziehen lassen. Mit Chilisalz mit Vanille würzen.

3. Für die Garnitur das Brot in etwa 1 cm große Würfel schneiden und in einer Pfanne ohne Fett rösten. Die braune Butter dazugeben und mit Chilisalz würzen. Den Dill waschen und trocken tupfen. Je 1 Fischfilet mittig in einen tiefen Teller setzen. Die Suppe mit einem Stabmixer aufschäumen, um das Fischfilet herum verteilen. Die Brotwürfel daraufstreuen und mit Dill garnieren.

Geschmorter Kalbsbraten

mit Spargelgemüse und Kartoffelgratin à la Schuhbeck

Zutaten für 4 Personen

Für den Braten:
2 kleine Zwiebeln
1/2 Karotte
100 g Knollensellerie
1 TL Puderzucker
1 EL Tomatenmark
150 ml Rotwein
1/2 l Hühnerbrühe
1 Kalbsschulter (Schaufelbug; küchenfertig, ca. 1 kg)
1 Knoblauchzehe
1 Streifen Bio-Zitronenschale
1 Scheibe Ingwer
1 Zweig Thymian
1/4 – 1/2 TL Bratengewürz
Salz · Pfeffer aus der Mühle

Für das Kartoffelgratin:
1 EL Butter für die Form
1 kg vorwiegend festkochende Kartoffeln
400 g Sahne
1 Knoblauchzehe (klein gehackt)
1 TL Thymianblättchen (fein geschnitten)
Salz · Pfeffer aus der Mühle
frisch geriebene Muskatnuss

Für das Spargelgemüse:
300 g weißer Spargel
300 g grüner Spargel
1–2 TL Puderzucker
70 ml Gemüsebrühe
1–2 EL Butter
1 EL Petersilienblätter (fein geschnitten)
Salz · Pfeffer aus der Mühle

1. Für den Braten den Backofen auf 160 °C vorheizen. Die Zwiebeln schälen, die Karotte und den Sellerie putzen und schälen. Alle Gemüse klein schneiden. Einen Schmortopf bei mittlerer Temperatur sanft erhitzen, das Gemüse hineingeben und darin erhitzen. Den Puderzucker darüberstäuben und das Gemüse einige Minuten andünsten. Das Tomatenmark unterrühren und kurz mitrösten. Mit der Hälfte des Weins ablöschen und sämig einköcheln lassen. Den restlichen Wein dazugießen und ebenfalls einköcheln lassen. Mit der Brühe auffüllen und die Kalbsschulter auf das Gemüsebett setzen. Den Deckel auflegen, dabei einen Spalt offen lassen. Die Kalbsschulter im Ofen auf der mittleren Schiene 1 1/2 bis 2 Stunden schmoren, zwischendurch wenden.

2. Die Kalbsschulter aus dem Schmortopf nehmen und die Sauce etwas einkochen lassen. Den Knoblauch schälen und mit Zitronenschale, Ingwer und Thymian hinzufügen, mit Bratengewürz würzen und einige Minuten ziehen lassen. Die Sauce durch ein Sieb gießen, dabei das Gemüse im Sieb etwas ausdrücken. Die Sauce mit Salz und Pfeffer würzen.

3. Für das Kartoffelgratin den Backofen auf 180 °C vorheizen. Eine ofenfeste Form oder Portionsförmchen mit Butter einfetten. Die Kartoffeln schälen, waschen und in 2 mm dicke Scheiben hobeln. Die Kartoffelscheiben mit der Sahne, dem Knoblauch und dem Thymian vermischen und mit Salz, Pfeffer und etwas Muskatnuss würzen. Die Kartoffelmischung in die Form oder die Förmchen füllen und im Ofen auf der mittleren Schiene etwa 40 Minuten goldbraun backen.

4. Für das Spargelgemüse den weißen Spargel schälen und die holzigen Enden abschneiden. Den grünen Spargel waschen und nur im unteren Drittel schälen, die holzigen Enden abschneiden. Die Spargelstangen schräg in etwa 1/2 cm dicke Stücke schneiden. Den Puderzucker in einer Pfanne bei mittlerer Hitze hell karamellisieren. Den Spargel darin kurz andünsten. Die Brühe angießen, mit einem Blatt Backpapier bedecken und den Spargel bei schwacher Hitze 6 bis 8 Minuten bissfest garen. Die Butter unterrühren und zerlassen. Den Spargel mit der Petersilie sowie Salz und Pfeffer abschmecken.

5. Den Kalbsbraten in Scheiben schneiden, auf vorgewärmten Tellern verteilen und mit etwas Sauce beträufeln. Kartoffelgratin und Spargelgemüse daneben anrichten.

Erdbeer-Variation

à la Schuhbeck

Zutaten für 6 Personen

Für die Erdbeertörtchen:
80 g Zartbitterkuvertüre
20 g Kakaopulver
5 Eier
Salz
110 g Zucker
110 g Marzipanrohmasse
4 1/2 Blatt Gelatine
250 g Erdbeeren
100 g Puderzucker
150 g Naturjoghurt
200 g Sahne
1 EL Erdbeerlikör
1 EL Erdbeersirup

Für die Schmankerlcreme:
250 g Buttermilch
30 g gesiebter Puderzucker
1 EL Zitronensaft
je 1/2 TL abgeriebene Bio-Zitronen- und Orangenschale
3 1/2 Blatt Gelatine
120 g Sahne
1 Eiweiß
1 EL Zucker
150 g Erdbeeren
1 geh. EL Zucker

Für die marinierten Erdbeeren:
250 g Erdbeeren
1 EL Puderzucker
1 EL Erdbeer-Limes
1 Spritzer Zitronensaft
Kardamom aus der Mühle

Zum Anrichten:
6 Minzeblätter

1. Für die Erdbeertörtchen den Backofen auf 190 °C vorheizen. Die Kuvertüre mit dem Kakaopulver in einem Topf bei schwacher Hitze schmelzen, dabei nicht über 50 °C erhitzen. Die Eier trennen, die Eiweiße mit 1 Prise Salz zu einem cremigen Schnee schlagen, dabei den Zucker einrieseln lassen. Das Marzipan auf der Küchenreibe grob raspeln und mit den Eigelben schaumig rühren. Den Eischnee unterziehen und die geschmolzene Schokolade vorsichtig unterrühren. Den Teig auf ein mit Backpapier belegtes Backblech streichen und im Ofen auf der mittleren Schiene etwa 20 Minuten backen.

2. 4 Blatt Gelatine in kaltem Wasser einweichen. Die Erdbeeren waschen, putzen und pürieren, 50 g Püree abnehmen. Das übrige Erdbeerpüree mit dem Puderzucker und dem Joghurt verrühren. Die Gelatine tropfnass in einem kleinen Topf erhitzen, bis sie flüssig ist und etwas von der Erdbeer-Joghurt-Masse einrühren. Diese Gelatinemischung unter die Erdbeer-Joghurt-Masse rühren. Die Sahne halbsteif schlagen und mit dem Erdbeerlikör und -sirup unter die Erdbeer-Joghurt-Masse ziehen.

3. Aus dem Schokoladenbiskuit mit einem Anrichte- oder Dessertring (8 cm Durchmesser) 6 Kreise ausstechen. Je 1 Teigkreis in einen Ring legen. Den übrigen Biskuit anderweitig verwenden. Die Erdbeer-Joghurt-Masse in die Ringe füllen und im Kühlschrank einige Stunden fest werden lassen.

4. Für das Erdbeergelee die restliche Gelatine in kaltem Wasser einweichen und tropfnass mit den 50 g abgenommenem Erdbeerpüree in einem Topf erwärmen, bis sich die Gelatine auflöst. Vom Herd nehmen, auf Zimmertemperatur abkühlen lassen, mit einem Löffel auf den Törtchen verteilen und glatt streichen. Im Kühlschrank fest werden lassen.

5. Für die Schmankerlcreme die Buttermilch mit Puderzucker, Zitronensaft, Zitronen- und Orangenschale verrühren. 3 Blatt Gelatine in kaltem Wasser einweichen. In einem kleinen Topf 5 EL Buttermilchmischung leicht erwärmen, die Gelatine ausdrücken und darin auflösen, dann in die restliche Buttermilch rühren. Die Sahne halbsteif schlagen, das Eiweiß mit dem Zucker zu einem festen, cremigen Schnee schlagen und kurz in den Kühlschrank stellen. Die Buttermilchmasse auf Eiswasser kalt rühren, bis sie leicht zu stocken beginnt, dann Eischnee und Sahne unterheben.

6. Für die Marmorierung der Schmankerlcreme die restliche Gelatine in kaltem Wasser einweichen. Die Erdbeeren waschen, putzen, vierteln,

Man lernt ja bekanntlich nie aus, drum haben die Landfrauen dem Meisterkoch beim gemeinsamen Nachkochen der Siegergerichte genau auf die Finger geschaut …

mit dem Zucker pürieren, durch ein Sieb streichen und 60 g Erdbeermark abwiegen. Die Hälfte davon leicht erwärmen, die Gelatine ausdrücken und darin auflösen. In das übrige Erdbeermark rühren. Das mit Gelatine versetzte Erdbeermark auf Eiswasser leicht anziehen lassen und in die Schüssel mit der Buttermilchcreme träufeln. Einen Kochlöffelstiel ein paarmal durchziehen, sodass eine Marmorierung entsteht. Vorsichtig in sechs Portionsgläschen füllen. Im Kühlschrank 2 bis 3 Stunden fest werden lassen.

6. Für die marinierten Erdbeeren die Erdbeeren waschen, putzen und vierteln, mit Puderzucker, Erdbeer-Limes, Zitronensaft und gemahlenem Kardamom marinieren.

7. Zum Anrichten je 1 Törtchen (oder 1/2 Törtchen) und ein Glas mit Schmankerlcreme auf einen länglichen Teller setzen. Die marinierten Erdbeeren mittig daraufsetzen, etwas Kardamom aus der Mühle darübermahlen und mit Minzeblättern garnieren.

Carpaccio

mit Pfifferlingen und Sojamarinade à la Schuhbeck

Zutaten für 4 Personen

Für die Sojamarinade:
1 gestr. TL Speisestärke
1 EL Ahornsirup
2 EL helle Sojasauce
20 g kalte Butter

Für das Carpaccio:
400 g Rinderfilet
Öl für die Folie

Für die Pfifferlinge:
100 g kleine Pfifferlinge
1 TL braune Butter (siehe Tipp)
mildes Chilisalz
1 Msp. abgeriebene Bio-Limettenschale

Für den Salat:
1 Handvoll kleine Salatblätter (Rucola, Feldsalat, heller Frisée)
1 Spritzer Limettensaft
1 TL Olivenöl
mildes Chilisalz
Zucker

Außerdem:
Pfeffer aus der Mühle · Salz
1 EL Cashewkerne

1. Für die Sojamarinade 100 ml kaltes Wasser abmessen und die Speisestärke mit 1 EL davon glatt rühren. Das übrige Wasser mit dem Ahornsirup und der Sojasauce in einem Topf aufkochen. Die angerührte Speisestärke hineinrühren, kurz köcheln lassen und vom Herd nehmen. Die kalte Butter einrühren und die Marinade warm halten.

2. Für das Carpaccio das Rinderfilet mit einem scharfen Messer zuerst in etwa 1 cm dicke Scheiben, dann in etwa 1 1/2 cm große Quadrate schneiden. Die Filetstücke mit ausreichend Abstand zueinander zwischen zwei Lagen eingeölte Frischhaltefolie legen und mit der flachen Seite des Fleischklopfers oder dem Plattiereisen gleichmäßig dünn klopfen.

3. Für die Pfifferlinge die Pfifferlinge falls nötig waschen und mit Küchenpapier trocken tupfen. Eine Pfanne bei mittlerer Temperatur erhitzen, die braune Butter hineingeben und durch Schwenken der Pfanne verteilen. Die Pfifferlinge darin etwa 3 Minuten anbraten. Mit Chilisalz und Limettenschale würzen.

4. Für den Salat die Salatblätter waschen und trocken schleudern. Den Limettensaft mit dem Olivenöl, Chilisalz und 1 Prise Zucker zu einem Dressing verrühren und über die Salatblätter träufeln.

5. Zum Anrichten vier flache Teller mit etwas Sojamarinade bestreichen und etwas Pfeffer aus der Mühle darübermahlen. Die Fleischscheiben leicht überlappend darauf anrichten und leicht mit Salz würzen. Die Pfifferlinge, die Cashewkerne und die Salatblättchen dekorativ auf dem Carpaccio anrichten. Nochmals etwas Pfeffer darübermahlen und etwas Marinade darüberträufeln.

Mein Tipp:
Braune Butter liefert ein unvergleichlich nussiges Aroma und eignet sich gut zum Beträufeln von Knödeln jeglicher Art oder zum Aromatisieren von Fisch, Fleisch und Gemüse. Wenn Sie sie selbst machen möchten, 250 g Butter in einem kleinen Topf bei mittlerer Temperatur langsam erhitzen, bis sie goldbraun ist und ein nussiges Aroma hat. Den Topf vom Herd nehmen und die Butter durch ein mit Küchenpapier ausgelegtes Sieb gießen. In ein gut schließendes Glas umfüllen und kühl aufbewahren.

Burger

mit Krautsalat und gebackenen Kartoffelspalten à la Schuhbeck

Zutaten für 4 Personen

Für die BBQ-Sauce:
200 g Tomatenketchup
1 TL mildes Räuchersalz
getr. Oregano
1/4 TL milde Chiliflocken
1/2 TL gemahlene Kurkuma
1/2 TL geräuchertes Paprikapulver
1 gestr. TL Instantkaffee
1 EL Ahornsirup · 1 TL Dijon-Senf
1 fein geriebene Knoblauchzehe
1/2 TL fein geriebener Ingwer
Pfeffer aus der Mühle
Fenchelsamen aus der Mühle

Für den Krautsalat:
1/2 kleiner Kopf junger Weißkohl (ca. 250 g)
Salz · ca. 1/2 TL Zucker
1/2 rote Paprikaschote
1 EL Weißweinessig
1 EL mildes Salatöl
1–2 TL Petersilienblättchen (fein geschnitten) · mildes Chilisalz
1 TL Bratkartoffelgewürz (ersatzweise 1 Prise gemahlener Kümmel)

Für die Kartoffelspalten:
600 g festkochende Kartoffeln
Salz · 1–2 EL Bratkartoffelgewürz (ersatzweise je 1 Prise gemahlener Kümmel und getrockneter Majoran)
1–2 EL Olivenöl

Für die Burgerpattys:
500 g Rinderhackfleisch (ca. 20 % Fettanteil)
1 EL Steak- und Grillgewürz
Salz · 1 TL Öl zum Braten

1. Für die BBQ-Sauce Ketchup, Räuchersalz, 1 Prise Oregano, Chiliflocken, Kurkuma, Räucherpaprika, Instantkaffee, Ahornsirup, Senf, Knoblauch und Ingwer in einen Topf geben. Mit Pfeffer und Fenchel aus der Mühle etwas würzen und leicht erwärmen. Nach Belieben warm oder ausgekühlt servieren.

2. Für den Krautsalat den Weißkohl putzen, vierteln und in feine Streifen hobeln. Den Strunk nicht verwenden. Das Kraut mit 1/2 TL Salz und dem Zucker bestreuen, beides locker untermischen und 10 bis 15 Minuten ziehen lassen. Die Paprikaschote waschen, entkernen, mit dem Sparschäler schälen und in kleine Würfel schneiden. Mit Essig und Öl unter das Kraut mischen, die Petersilie unterheben und den Salat mit Chilisalz und Bratkartoffelgewürz abschmecken. Weitere 10 bis 15 Minuten ziehen lassen und ggf. nochmals nachwürzen.

3. Für die Kartoffelspalten den Backofen auf 200 °C vorheizen. Die Kartoffeln gründlich waschen, nach Belieben schälen und in Spalten schneiden. Mit Salz würzen, auf einem mit Backpapier belegten Backblech verteilen und im Ofen auf der mittleren Schiene etwa 45 Minuten backen. Herausnehmen, mit dem Bratkartoffelgewürz würzen und mit dem Olivenöl vermischen.

4. Für die Burgerpattys das Hackfleisch mit dem Steak- und Grillgewürz bestreuen und mit Salz würzen. Die Gewürze gleichmäßig unter das Fleisch mischen und den Fleischteig in 4 gleich große Portionen teilen. Mit einer Patty-Presse 4 Burger daraus formen. Das Öl in einer großen Pfanne erhitzen und die Pattys darin bei mittlerer Hitze auf beiden Seiten einige Minuten braten, bis sie den gewünschten Garpunkt haben. Auf Küchenpapier abtropfen lassen.

5. Zum Fertigstellen die Salatblätter waschen und trocken schleudern. Die Tomate waschen und aus der Mitte 4 dünne Scheiben schneiden. Eine große Pfanne erhitzen, 1/2 bis 1 TL Öl mit einem Pinsel darin verstreichen und die Tomatenscheiben darin auf beiden Seiten kurz anbraten, sodass sie gerade heiß sind. Mit Chilisalz würzen. Die Avocado halbieren, den Stein entfernen, die Hälften schälen und in Spalten schneiden. Eine große Pfanne bei mittlerer Temperatur erhitzen, 1 TL Öl darin verteilen und die Avocadospalten darin auf beiden Seiten kurz anbraten, sodass sie innen lauwarm sind. Mit Chilisalz würzen.

6. Die Burgerbrötchen auseinanderschneiden und auf den Schnittflächen in einer großen Pfanne oder auf dem Grill ohne Fett anrösten. Die

Außerdem:
4 Kopfsalatblätter
1 Ochsenherztomate
1 EL Öl · mildes Chilisalz
1 reife Avocado
4 Burgerbrötchen
2 EL Petersilienblättchen
1 Msp. abgeriebene Bio-Limettenschale

unteren Hälften auf einen Teller legen und mit je 1 bis 2 EL BBQ-Sauce bestreichen. Mit den Salatblättern belegen, darauf je 1 Tomatenscheibe, 1 Burgerpatty und einige Avocadospalten legen. Die Petersilienblättchen mit der Limettenschale und Chilisalz würzen und zwischen die Avocadospalten legen. Die oberen Hälften der Brötchen mit BBQ-Sauce bestreichen und auf die Avocadospalten legen. Die Burger auf Teller setzen, den Krautsalat dazu anrichten und die Kartoffelspalten daneben verteilen.

Joghurttörtchen

mit Pfirsichrose und marinierten Beeren à la Schuhbeck

Zutaten für 8 Törtchen

Für den Biskuitboden:
3 Eier
1 Msp. abgeriebene Bio-Zitronenschale
1 Msp. Vanillemark
45 g Zucker
Salz
40 g Mehl

Für die Joghurtmousse:
3 Blatt Gelatine
250 g griechischer Joghurt
60 g Puderzucker
je 1/2 TL abgeriebene Bio-Orangen- und Zitronenschale
1 EL Zitronensaft
2 EL Pfirsichlikör
150 g Sahne

Für die Pfirsichrose:
4 große reife Pfirsiche
150 g Zucker
1 TL Zitronensaft
1 EL Orangensaft
300 ml Weißwein

1. Für den Biskuitboden den Backofen auf 200 °C vorheizen. Ein Backblech mit Backpapier belegen. Die Eier trennen und die Eigelbe mit der Zitronenschale, dem Vanillemark und 1 EL Zucker in einer Schüssel hellschaumig schlagen. In einer zweiten Schüssel die Eiweiße mit 1 Prise Salz und dem übrigen Zucker zu einem cremigen Schnee schlagen. Den Eischnee mit dem Teigschaber unter die Eigelbmasse ziehen und zuletzt das Mehl vorsichtig unterheben. Den Teig gleichmäßig auf dem Backpapier verstreichen und im Ofen auf der mittleren Schiene etwa 10 Minuten goldbraun backen. Herausnehmen, etwas abkühlen lassen und vom Backpapier lösen. Mit einem Ausstecher (6 cm Durchmesser) 16 Kreise ausstechen. Übrigen Biskuitboden anderweitig verwenden.

2. Für die Joghurtmousse die Gelatine in kaltem Wasser einweichen. Den Joghurt mit dem Puderzucker, den Zitrusschalen und dem Zitronensaft glatt rühren. Den Pfirsichlikör erwärmen. Die Gelatine ausdrücken und im warmen Likör unter Rühren auflösen. Mit dem Schneebesen unter die Joghurtmischung rühren. Die Sahne halbsteif schlagen und ebenfalls unterrühren.

3. Acht hohe Dessertringe (6 cm Durchmesser) auf eine mit Backpapier belegte Platte stellen. Je 1 Biskuitboden einlegen, die Joghurtmousse etwa 2 cm hoch darauffüllen und mit je 1 Biskuitboden belegen. Die Törtchen im Kühlschrank etwa 2 Stunden durchkühlen lassen.

4. Für die Pfirsichrose die Pfirsiche etwa 20 Sekunden in kochendes Wasser legen, kalt abschrecken, häuten, halbieren und den Stein entfernen. Den Zucker mit 50 ml Wasser in einem Topf verrühren und bei mittlerer

150 ml weißer Portwein
300 ml Prosecco
1/2 aufgeschnittene Vanilleschote
1/4 Zimtstange
je 1 Streifen Bio-Zitronen- und Orangenschale
1 Päckchen Tortenguss
1 EL Zucker

Für den Mandelkrokant:
100 g Mandelblättchen
50 g Zucker

Für die Beeren:
200 g Erdbeeren
150 g Himbeeren
150 g Heidelbeeren
1–2 EL Puderzucker
1 Spritzer Zitronensaft

Außerdem:
8 Minzespitzen
8 kleine Tag- und Nachtschattenblüten (ersatzweise andere Blüten)

Hitze köcheln lassen, bis ein Karamell entsteht. Mit dem Zitronen- und dem Orangensaft ablöschen. Den Weißwein, den Portwein und den Prosecco hinzufügen. Die Vanilleschote, die Zimtstange und die Zitrusschalen dazugeben. Das Ganze ein paar Minuten am Siedepunkt ziehen lassen, bis sich der Karamell vom Topfboden gelöst hat.

5. Die Pfirsichhälften einlegen, mit einem Bogen Backpapier belegen und einmal kurz aufkochen lassen. Je nach Reifegrades des Pfirsiches etwa 2 Minuten köcheln lassen, bis sich ein Einstich mit einem kleinen Messer anfühlt wie bei einem Dosenpfirsich. Die Pfirsiche aus dem Sud nehmen, auf Küchenpapier legen und auskühlen lassen. Dann die Pfirsichhälften in dünne Scheiben schneiden und fächerartig etwas auseinanderziehen, sodass sie nur noch etwa zur Hälfte aneinanderliegen. Das Ganze eindrehen, sodass eine „Rosenblüte“ entsteht.

6. Die Törtchen aus dem Kühlschrank nehmen und je 1 Pfirsichrose mithilfe einer Winkelpalette vorsichtig auf jedes Törtchen setzen. Den Pochiersud durch ein Sieb gießen, für den Guss 1/4 l abnehmen und den Rest anderweitig verwenden, z.B. für Schorle oder Desserts. Das Tortenguss-Pulver mit dem Zucker vermischen und nach Packungsanweisung mit dem Sud zu einem Guss kochen. Die Pfirsichrosen sofort gleichmäßig damit glasieren und die Törtchen nochmals etwa 1 Stunde in den Kühlschrank stellen.

7. Für den Mandelkrokant die Mandelblättchen mit dem Zucker in einer Pfanne mischen und bei mittlerer Hitze unter häufigem Rühren goldbraun rösten. Sofort herausnehmen und auskühlen lassen.

8. Die Törtchen aus dem Kühlschrank nehmen und die Dessertringe vorsichtig abziehen. Die Ränder der Törtchen mit etwas Mandelkrokant garnieren.

9. Für die Beeren die Erdbeeren waschen, putzen und achteln. Himbeeren und Heidelbeeren verlesen, waschen und trocken tupfen. Alle Beeren mischen und mit dem Puderzucker und dem Zitronensaft marinieren.

10. Je 1 Törtchen in die Mitte eines Desserttellers setzen. Links und rechts davon die Beeren verteilen, mit Minzespitzen und Blüten garnieren und mit dem übrigen Mandelkrokant bestreuen.

Kurz vorgestellt

Sie lieben ihr Leben als moderne Landfrauen und die Küche ihrer bayerischen Heimat – in einem Wettstreit der besonderen Art haben diese 14 Landfrauen ihre Kochkünste unter Beweis gestellt und aus typischen lokalen Spezialitäten Drei-Gänge-Menüs gezaubert. Einen Überblick über ihre Rezepte finden Sie hier.

Barbara Birkholz

Ferienhof Birkholz
Hofthiergarten 4A
97909 Stadtprozelten
Tel. 0 93 92 / 98 46 33
info@ferienhof-birkholz.de
www.ferienhof-birkholz.de

Die Rinder- und Pferdezüchterin aus Unterfranken

TV-Menü: Riesling-Schaumsuppe mit Hechtklößchen / In Heu gegartes Rumpsteak mit Steinpilzkartoffeln / Variationen vom Apfel

Menü 2: Wirsing-Saibling-Rouladen / Panierte Schweinedeggeli / Weinschaumcreme mit Früchten

Michaela Gerstner-Scheller

Fischzucht Gerstner
Im Seegrund 1
97332 Obervolkach
Tel. 0 93 81 / 10 79
info@fischzucht-gerstner.de
www.fischzucht-gerstner.de

Die Fischzüchterin aus Unterfranken

TV-Menü: Fränkischer Räucherfischsalat mit Feldsalat / Mariniertes Saiblingsfilet mit Rosmarinkartoffeln / Weinschaumcreme von der Mainschleife mit frischen Früchten und leichter Schokomousse

Menü 2: Mainfränkische Fischsuppe mit Tomaten / Karpfenfilet im Bierteig mit Kartoffelsalat / Tiramisu

Renate Höfler

Gartenbau Höfler
Mittelstr. 29
90425 Nürnberg
Tel. 09 11 / 34 10 95
Gartenbau.Hoefler@arcor.de
www.gartenbau-hoefler.de

Die Gemüsebäuerin aus Mittelfranken

TV-Menü: Dreierlei von der Tomate / Kalbsschäufele mit Spargelragout und Kartoffelgratin / Erdbeer-Joghurt-Törtchen und Buttermilchcreme mit Erdbeersauce

Menü 2: Spargel-Rucola-Salat / Gebratenes Saiblingsfilet / Gelbe-Rüben-Kuchen

Manja Rohm

Biomassehof Rohm
Hofstetten 3
91154 Roth
biomasse@web.de
www.biomassehof-rohm.de

Die Landwirtin aus Mittelfranken

TV-Menü: Bärlauchcappuccino / Holzfällersteak mit gebratenem Spargel / Holunder-Panna-cotta auf Erdbeersauce mit Rhabarberkompott

Menü 2: Schnelle Brotsuppe auf fränkische Art / Krautwickel mit Kartoffelpyramiden und Salat / Zwetschgenknödel mit Vanillesauce

Marie Bauer

Feilitzscherstr. 6a
95183 Zedtwitz
Tel. 0 92 81 / 84 05 73

Die Milchviehbäuerin aus Oberfranken

TV-Menü: Hofer Schnitz / Kalbsmedaillons mit Pfifferlingen und Tomaten-Brot-Salat / Dessertteller „Annerose" (Rosenküchle trifft Rosenparfait)

Menü 2: Bärlauchcremesüppchen / Bandnudeln mit Lachs und Kräutersauce / Limetten-Panna-cotta auf Erdbeerspiegel

Anne Leichtenstern

Altencreußen 1
95473 Prebitz
Tel. 01 76 / 43 09 53 25
info@texaslonghorn.de
www.texaslonghorn.de

Die Rinderzüchterin aus Oberfranken

TV-Menü: Warmes Rindercarpaccio im Pilzsud / American Burger mit Krautsalat / Orangeneis im Schokoladenmantel mit Birnenbrand-Krustenpralinen

Menü 2: Lauch-Pfannkuchen mit Topinambursalat / Rindfleischpfeffertopf aus dem Ofen / Quarkcreme mit Himbeeren und Elisenlebkuchen

Maria Deß

Ziegenhof Deß
Richthof 5
92342 Freystadt
Tel. 0 91 79 / 9 05 92
ziegenhof.dess@gmx.de
www.ziegenhof-dess.de

Die Ziegenbäuerin aus der Oberpfalz

TV-Menü: Ziegenkäse-Variationen mit Gewürzapfel und Tassenbrot / Ziegenkeule mit Selleriepüree / Meckertörtchen mit Johannisbeer-Sorbet

Menü 2: Champignon-Speck-Quiche mit Buchweizen / Rinderrouladenbraten mit Ziegenkäse-Hackfleisch-Füllung / Eierlikörtraum im Sektglas

Silvia Deinhard

Deinhards Viecherei
Hofwirtschaft und Gartencafe
Gebertshof 3
92348 Berg
Tel. 0 91 89 / 10 08
info@deinhards-viecherei.de
www.deinhards-viecherei.de

Die Gastwirtin aus der Oberfalz

TV-Menü: Zucchinirosen im „Tomatenblumenbeet" mit Kräuterbrot / Burgunderbraten vom Weiderind mit Brezen-Serviettenknödel und Karottengemüse / Schwarzbatascherl mit Vanillesauce

Menü 2: Feldsalat mit süßem Senf / Kräuterforelle aus dem Ofen / Apfelküchel mit Zimt und Zucker

Gerlinde Schreyer

Gäuboden Erlebnisbauernhof
Hauptstraße 47
94348 Atting
Tel. 0 94 29 / 2 56
www.schreyerhof-atting.de
info@schreyerhof-atting.de

Die Gemüsebäuerin aus Niederbayern

TV-Menü: Frischkäse-Terrine mit Tomatensugo, Kürbiskernpesto und Kartoffelbrötchen / Gefüllte Puten-Röllchen mit Sommergemüse und Kartoffeltaler / Beerentarte mit Basilikum-Mousse

Menü 2: Schreyers Kürbiscremesuppe / Niederbayerische Knödel / Tiramisu Gäuboden Art

Manuela Thalhammer

Stoi-Café
Oberhausenthal 1a
84168 Aham
Tel. 0 87 44 / 96 65 30
www.stoi-cafe.de
info@stoi-cafe.de

Die Milchviehbäuerin aus Niederbayern

TV-Menü: Lachsschnittchen auf bayerischen Blattsalaten mit Passionsfruchtdressing / Rinderroulade mit Kartoffel-Lauch-Püree und Gemüsewürfeln / Sommerliches Törtchen auf Fruchtspiegel

Menü 2: Kartoffelsuppe mit geräuchertem Speck / Crespelle mit Hackfüllung / Rotwein-Kuchen

Joanna Kantorowicz

Chiemgauhof Locking
Locking 1
83123 Amerang
Tel. 0 80 75 / 91 49 40
info@chiemgauhof-locking.de
www.chiemgauhof-locking.de

Die Hühner- und Schweinebäuerin aus Oberbayern

TV-Menü: Lockinger Tapas / Les-Bleues-Gockel-Brustfilet mit Perl-Emmer-Risotto und Perlzwiebel-Jus / Avocado-Eis mit Ananas-Carpaccio und Minz-Zucker

Menü 2: Bauernbrot-Toast mit Lachstatar / Les-Bleues-Gockel mit glasiertem Wurzelgemüse/ „Alpen"-Cremeschnitten mit Beeren

Maria Bogner

BrotZEIT & Leben
s'Hofladl am Boarhof
Max-Obermayr-Weg 6
83707 Bad Wiessee - Holz
Tel. 0 80 22 / 27 14 25
hofladen@brotzeit-leben.de
www.brotzeit-leben.de

Die Selbstversorgerin aus Oberbayern

TV-Menü: Gefüllte Zucchini- und Malvenblüte auf Blatt-Kräuter-Salat / Hirschrouladen mit Preiselbeerkrapferl / Topfennocken auf Schwarze-Johannisbeer-Kompott mit Stracciatella-Parfait

Menü 2: Rote-Bete-Carpaccio / Gemüsestrudel mit Joghurt-Dip / Schokobusserl mit Früchtekompott

Irmi Kinker

Berghof Kinker
Ussenburg 77
87672 Rosshaupten
Tel. 0 83 67 / 10 33
urlaub@berghof-kinker.de
www.berghof-kinker.de

Die Milchviehbäuerin aus Schwaben

TV-Menü: Zucchini-Röllchen mit Minz-Kräuter-Sauce / Rinderroulade mit Walnüssen und Kartoffel-Kräuter-Rolle / Allgäuer Himbeertraum mit Minze

Menü 2: Lachs-Spinatrolle und Brennnessel-Feta-Stangen / Gemüse-Hackfleisch-Rose / Spekulatius-Parfait mit Glühweinkirschen

Marie-Luise Hornstein

Weingut Hornstein
Sonnenbichlstraße 5
88149 Nonnenhorn
Tel. 0 83 82 / 88 75 70
info@peter-hornstein.de
www.peter-hornstein.de

Die Winzerin aus Schwaben

TV-Menü: Lachsforellenmousse mit Bodensee-kaviar / Felchenfilet „Rorschacher Art" / Quarkeis mit Erdbeermark

Menü 2: Kartoffellaible mit Kräuterquark / Kalbsfilet mit Spargel / Erdbeertraum mit Weinschaum

L

M/N

O/P

Q/R

S

T

V/W

Z

Bildnachweis

Umschlag:
BR/megaherz gmbh/ Maluche, Andreas: vorne (o.), hinten (Gruppenbilder); Walter, Alexander: vorne (u.), hinten (Holz)

Innenteil:
Bauer, Markus: S.140 (o.l.), 171; BR/megaherz gmbh/ Fischer, HP: S. 163 BR/megaherz gmbh/ Lusznat, Hans Albrecht: S. 30 (o.), S. 169 (o.); BR/megaherz gmbh/ Maluche, Andreas: S. 5, S. 7 (o.l., o.r.), S.8, S.18, S.30 (u.l., u.r.), S. 40, S.50, S. 51 (u.), S.52, S. 62, S.73 (o.l., o.r.), S. 74, S. 84, S. 94, S.96, S. 106 (r.o., u.), S. 117 (o. l., u.), S. 119 (u.), S. 128, S. 140 (o.r., u.), S. 150, S. 168, S. 169 (2. v.o., 2. v.u., u.), S. 170 (o., 2. v.o., 3. v. o.), S. 171 (o., 2.v.o., u.) S. 173
BR/megaherz gmbh/Tomschiczek, Boris: S.118 (o.); Haselhoff, Alexander: S.6., S. 7 (u.), S.28, S.29, S.51 (o.), S.72, S. 73 (u.), S. 95, S. 116, S. 117 (r.o.), S. 138 (S. 139); Liebenstein, Jana: S. 160; Schattenkirchner, Franz: S. 106 (o.l.), S. 170 (u.)

© 2016 ZS Verlag GmbH
Kaiserstraße 14 b
D-80801 München

ISBN 978-3-89883-578-7
3. Auflage 2016

Projektleitung **Ines Alms**
Texte **Katja Mutschelknaus**
Vorwort **Sonja Kochendörfer**
Redaktionelle Mitarbeit **Katharina Wolf**
Lektorat **Katharina Lisson**
Grafische Gestaltung **Julia Arzberger**
Foodfotografie **Alexander Walter**
Foodstyling **Maria Gilg**
Porträt- und Landschaftsfotografie **siehe Bildnachweis S.174**
Herstellung **Frank Jansen**
Producing **Jan Russok**
Druck & Bindung **optimal media GmbH, Röbel**

Die ZS Verlag GmbH ist ein Unternehmen der Edel AG, Hamburg.
www.zsverlag.de | www.facebook.com/zsverlag

Auf den Geschmack gekommen?

Die ersten beiden Staffeln der TV-Serie mit zahlreichen authentischen Rezepten vom Land

Landfrauenküche
ISBN 978-3-89883-279-3

Die Erfolgstour geht weiter – mit 28 kreativen Menüs und reich bebilderten Porträts der Landfrauen

Landfrauenküche 3
ISBN 978-3-89883-434-6

Gleich weiterkochen!

Jetzt überall, wo es gute Bücher gibt.